AF288622

Niko 2

Sprachbuch

Erarbeitet von
Carmen Elisabeth Daub (Saarland)
Isabelle Dittrich (Baden-Württemberg)
Anne Lindner (Nordrhein-Westfalen)
Anne Rommel (Baden-Württemberg)
Sandra Schmid-Ostermayer (Baden-Württemberg)
Britta Seepe-Smit (Nordrhein-Westfalen)
Martina Weißenburg (Berlin)

Ernst Klett Verlag
Stuttgart · Leipzig

Inhalt

3

Erklärung für die Farbunterlegungen des Inhaltsverzeichnisses

- Inhalte aus den Kompetenzbereichen „Richtig schreiben" sowie „Sprache und Sprachgebrauch untersuchen"
- Inhalte aus dem Kompetenzbereich „Texte verfassen"
- Kompendium/Methodenseiten

4

Die Kinder der Niko-Klasse 2

Miteinander lernen

Gesprächsregeln

Mir hat am besten gefallen, dass ich jetzt mein Lieblingsbuch lesen kann.

Ich fand unseren Ausflug toll.

Mir hat das Sportfest am besten gefallen.

Ich fand Musik toll.

Alle reden durcheinander. Ich kann nichts verstehen.

1 Was hat dir in der ersten Klasse am besten gefallen? Was hat dir keinen Spaß gemacht? Erzähle.

> Unsere Gesprächsregeln:
> Ich höre gut zu, wenn jemand spricht.
> Ich melde mich, wenn ich etwas sagen möchte.
> Ich spreche laut und deutlich.

2 Welche Gesprächsregeln habt ihr? Sprecht darüber.

3 Schreibe auf einen Wunschzettel, was du in der zweiten Klasse lernen willst.

4 Hängt eure Wunschzettel in der Klasse auf. Vergleicht.

6

Klassenregeln

1 Habt ihr so etwas auch schon erlebt? Erzählt.

Blöde Kuh!

2 Formuliere Regeln zu den Bildern oben.
Schreibe so: *Ich lache niemanden aus.*

3 Schreibe auch Regeln zu diesen Bildern auf.

4 Überlegt, welche Klassenregeln ihr braucht.

5 Schreibt eure Gesprächsregeln und Klassenregeln auf Kärtchen.
Klebt die Kärtchen auf ein Plakat und malt dazu.

7

Nomen

1 Setze die Wörter richtig ein. Schreibe die Sätze auf.

Jeder  und jedes malt ein  .

Ole malt seinen  mit einem .

Noriko malt eine  .

Mila malt ihre  im  .

Emma malt einen .

2 Markiere alle eingesetzten Wörter. Markiere alle Namen der Kinder.

3 Schreibe die markierten Wörter von Aufgabe 2 in eine Tabelle.

Menschen	Tiere	Pflanzen	Dinge
Junge	Pferd	Rose	Bild
...	...	...	...

Alle Menschen, Tiere, Pflanzen und Dinge haben einen Namen.
Diese Wörter heißen **Nomen** (Namenwörter).
Nomen schreibe ich immer groß: **E**mma, **P**ferd, **B**lume, **B**all.

4 Schreibe diese Nomen richtig in die Tabelle von Aufgabe 3.

Maus · Vater · Tulpe · Buch · Affe · Brief

Lehrer · Gras · Mutter · Klee · Hase · Roller

5 Suche eigene Nomen für deine Tabelle. Ergänze.

6 Welche Menschen, Tiere, Pflanzen und Dinge magst du am liebsten? Warum magst du sie? Erzähle.

7 Setze die Sätze richtig zusammen. Schreibe sie ab.

Ich mag Vögel,   weil sie so gut riechen.

Ich mag Rosen,   weil sie schön singen.

Ich mag meine Mutter,   weil es lecker ist.

Ich mag Eis,   weil sie mir immer hilft.

8 Schreibe eigene Sätze.

9 Schreibe die Sätze ab.
Markiere alle Nomen in den Sätzen.

Ole hat einen Hund.

Sein Hund heißt Benni.

Ole spielt nach der Schule mit Benni im Gras.

Benni mag seine Leine und seinen Ball.

Es sind elf Nomen.

10 Lege eine Tabelle an.
Trage alle Nomen von Aufgabe 9 in die Tabelle ein. Schreibe so:

Menschen	Tiere	Pflanzen	Dinge
Ole	Hund	...	...
...	...	...	...

9

Bestimmte Artikel

 1 Lege eine Tabelle an.
Trage die Nomen in die Tabelle ein. Schreibe so:

der	die	das
der Stuhl	die Uhr	das Bild
...	...	...

das Bild   der Stuhl   das Buch   der Computer

die Schere   das Fenster   die Blume   die Uhr   der Apfel

> Nomen haben Artikel (Begleiter).
> Die **bestimmten Artikel** sind **der**, **die**, **das**:
> der Schwamm, die Lehrerin, das Fenster.

 2 Schreibe die Dinge auf, die aus der Schultasche gefallen sind.
Setze vor die Nomen den bestimmten Artikel.
Schreibe so: *das Buch, ...*

der Pinsel

Es beginnt mit einem **P** und der Artikel ist **der**.

3 Spielt das Spiel:
„Was ist in meiner Schultasche?".
Erratet abwechselnd
Gegenstände aus eurer Tasche.

Unbestimmte Artikel

Nomen haben Artikel (Begleiter).
Die **unbestimmten Artikel** sind **ein**, **eine**:
der Tisch – ein Tisch, die Maus – eine Maus,
das Buch – ein Buch.

1 Schreibe die Nomen mit dem unbestimmten Artikel auf.
Schreibe so: *der Esel – ein Esel, ...*

| der Esel | die Tasche | der Bus | die Wolke | die Schule |

| das Schiff | das Kamel | der Elefant | das Geschenk |

2 Schreibe die Wörter der Wörterschlange in eine Tabelle. Schreibe so:

ein	eine
ein Baum	eine Birne
...	...

BaumBirneApfelHeftFußballMausFestBieneKatze

3 Schreibe die Sätze mit den richtigen unbestimmten Artikeln auf.

In der Pause

Ali isst zum Frühstück ▬ Apfel.

Lotte trinkt ▬ Kakao.

Rasmus malt ▬ Bild.

Niko löffelt ▬ Schüssel Müsli aus.

Emma spielt mit ▬ Ball.

Aussagesätze

1 Sprecht über die Klassendienste.
Welche Dienste magst du? Warum?
Welche Dienste magst du nicht? Warum nicht?

EMMA   MAREK   NORIKO   MERIT   TIMO

2 Wer ist für welchen Dienst verantwortlich?
Schreibe so: *Emma teilt die Hefte aus.*

Aussagesätze erzählen, was geschieht.
Am Ende eines Aussagesatzes steht ein **Punkt.**
Am Satzanfang schreibe ich immer groß:
Die Schüler freuen sich auf die Pause**.**

3 Überprüfe deine Sätze von Aufgabe 2.
Markiere die Satzanfänge und die Punkte am Satzende:
Emma teilt die Hefte aus.

4 Schreibe die Sätze richtig auf.

in dieser Woche hat Marek Tafeldienst

aber Ali will auch Tafeldienst machen

sie streiten sich heftig

mit Hilfe von Frau Simon einigen sich die Jungen

beide dürfen zusammen die Tafel wischen

Denke an den Satzanfang und den Punkt.

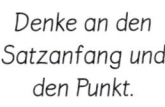

Strategie: Groß oder klein? (Aa?)

Nomen schreibe ich groß.
Vor Nomen kann ich einen Artikel setzen.
Auch Satzanfänge schreibe ich groß.

1 Welche Nomen stecken in der Wörterschlange?
Schreibe sie mit dem bestimmten Artikel auf: *die Schule, ...*

schule hefttaschetischregalstuhlscherekreide

2 Markiere den großen Anfangsbuchstaben.

3 Entscheide, welche Wörter großgeschrieben werden.
Schreibe alle Nomen mit bestimmtem Artikel auf.
Markiere den großen Anfangsbuchstaben.

B oder **b**?	▪uch	▪unt	▪esen
T oder **t**?	▪afel	▪oll	▪ier
P oder **p**?	▪apier	▪insel	▪rima
D oder **d**?	▪ose	▪ünn	▪ino

4 Schreibe die Sätze richtig auf.
Markiere den Satzanfang und den Punkt.

die Kinder übernehmen gern Klassendienste

emma gießt am liebsten die Blumen

die Tafel muss gewischt werden zwei Kinder teilen die Hefte aus

→ AH S. 8

13

Strategie: Groß oder klein?

  1 Welche Wörter müssen großgeschrieben werden?
Begründet.

kind	schön	füller	tasche	schnell

katze	computer	lehrerin	bald

baum	hund	alt	sofort	blume

Es sind neun Nomen.

 **2** Schreibe alle Nomen von Aufgabe 1
mit dem bestimmten Artikel auf.
Markiere den großen Anfangsbuchstaben.
Schreibe so: *das Kind, ...*

  3 Ergänze die fehlenden Anfangsbuchstaben.
Schreibe die Sätze richtig auf.

▢ina spielt am liebsten ▢ußball

▢nne reitet in der ▢alle

▢le tobt gern mit seinem ▢und im ▢arten

▢iko liest gern ▢ücher

  4 Schreibe die Sätze richtig auf.

ICH BIN JETZT IN DER ZWEITEN KLASSE

MEIN FREUND TIMO SITZT NEBEN MIR

ICH SCHREIBE GERN GESCHICHTEN

14 → AH S. 8

Alphabet

1 Lest den Abc-Reim reihum. Ergänzt dabei die Reime.

Abc-Reim

ABC	Marek schwimmt im S___.
DEFG	Lotte trinkt gern T___.
HIJK	Anne kämmt ihr H___.
LMNO	Ole geht in den Z___.
PQRST	Timo lernt das A___.
UVW	Niko wackelt mit dem Z___.
XYZ	Meine Klasse ist sehr n___.

Tee   Zeh   See   Haar   Zoo   Abc   nett

2 Schreibe den Abc-Reim auf.
Setze dabei die Namen von Kindern aus deiner Klasse ein.
Male ein Bild dazu.

3 Schreibe die fehlenden Nachfolger auf.
Du erhältst ein Lösungswort.

PQR___   AB___   EFG___   RST___   IJK___   BCD___

4 Spielt das Abc-Spiel:

Ein Kind sagt still das Alphabet auf. Das andere sagt
„Stopp!". Mit diesem Buchstaben schreibt jeder
einen Namen, ein Tier, eine Pflanze und ein Ding auf.
Wer zuerst fertig ist, ruft „Stopp!". Er ist der Gewinner.
Vergleicht eure Ergebnisse.

Name	Tier	Pflanze	Ding
Niko	Nilpferd	Nelke	Nudel
...	...	...	...

→ AH S. 9 15

Wörter nach dem Alphabet ordnen

A B C D E F G H I J K L M N O P Q R S T U V W X Y Z

1 Schreibe die Namen der Mädchen auf Karten.
Ordne sie nach dem Alphabet.

Sofia Anna Nele Ina Emma Paula

2 Schreibe die Namen der Jungen auf Karten.
Ordne sie nach dem Alphabet.

Leon Tim Justus Tobias Anton Moritz

3 Was fällt euch auf? Vergleicht die Ergebnisse.

Wörter werden nach ihren Anfangsbuchstaben geordnet.
Sind diese gleich, werden sie nach dem zweiten Buchstaben
geordnet: **A**nton, **N**iko, **Ti**m, **To**bias.

4 Schreibt eure Namen auf Karten.
Stellt euch nach dem Alphabet geordnet auf.

5 Schreibe die Wörter in jeder Zeile nach dem Alphabet geordnet auf.

Kaugummi Aufsatz Note Zeugnis

Füller Umschlag Laterne Niko

Ferien Familie Fußball Freitag

Tür Tafel Text Tisch Torte

Umgang mit der Wörterliste

Die Wörterliste findest du ab Seite 156.

So suche ich nach Wörtern in der Wörterliste:
1. Ich spreche das Wort deutlich.
   Ich merke mir den Anfangsbuchstaben.
2. Ich suche den Anfangsbuchstaben in der Wörterliste.
3. Ich schaue mir dann den zweiten Buchstaben des Wortes an.
4. Wenn ich das Wort gefunden habe, schreibe ich es ab.

1 Suche die Wörter zu den Bildern in der Wörterliste. Schreibe die Wörter auf. Notiere dazu, auf welcher Seite du sie gefunden hast. Schreibe so: *Elefant – Seite …, …*

2 Schlage in der Wörterliste nach. Schreibe die Wörter auf.

Welches Wort findest du direkt unter dem Wort **Affe**?

Welches Wort steht über dem Wort **Frage**?

Zwischen welchen Wörtern steht das Wort **Oma**?

3 Denke dir ähnliche Rätsel mit der Wörterliste aus. Lass deinen Partner raten.

17

Üben

Nomen

1 Schreibe die Nomen auf.

KindAutoSchuleRoseKatzeOmaBaumHund

2 Markiere jeweils den großen Anfangsbuchstaben: *Kind, ...*

Aussagesätze

3 Lies die Sätze. Was fehlt?

Lotte geht gern in den Zoo
Am liebsten schaut sie sich die Affen an
Auch Seehunde mag sie gern
An den Lamas geht sie schnell vorbei
Lamas können weit spucken

4 Schreibe drei Sätze ab.
Markiere die Satzanfänge und die Punkte.

5 Schreibe die Sätze richtig auf.

heute ist Emma nicht in der Schule.
sie hat Fieber.
deshalb muss sie im Bett bleiben.
wir wünschen ihr gute Besserung.

Am Satzanfang
schreibe ich groß.

18

Üben

Strategie: Groß oder klein? (Aa?)

1 Lies die Wörter.
Welche Wörter sind Nomen?

TOMATE   LECKER   SALAT   KALT

NUDEL   WARM   TELLER   BECHER

MILCH   VOLL   TOPF   BROT

der, die, das

2 Schreibe die Nomen mit dem bestimmten Artikel auf.
Schreibe so: *die Tomate, ...*

3 Schreibe die Sätze richtig auf.
Markiere alle eingesetzten Buchstaben.

▪as ▪etter ist heute schön.

▪lle arbeiten im ▪arten.

▪apa mäht den ▪asen.

▪ugo harkt die ▪ege mit der großen ▪arke.

▪ama erntet ▪omaten und ▪alat.

Nomen und Satzanfänge schreibe ich groß.

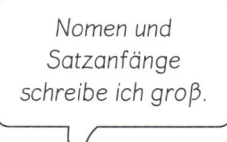

Nach dem Alphabet ordnen

4 Schreibe die Wörter nach dem Alphabet geordnet auf.

Ball   Puppe   Affe   Eis   Seil   Flugzeug

Rakete   Teddy   Krone   Haus   Garten   Jacke

19

Üben

Strategie: Groß oder klein?

Im Text sind 14 Fehler.

1 Schreibe die Sätze richtig auf.

ali und ole treffen sich oft nach der schule
dann spielen sie zusammen fußball
manchmal bringt ole auch seinen hund mit
sie toben gern mit ihm auf der wiese

2 Schreibe die Sätze richtig auf.

ANNELIESTGERN
SIEGEHTSEHROFTINDIEBÜCHEREI
DORTLEIHTSIESICHBÜCHERÜBERPFERDEAUS
SIEMAGABERAUCHGESCHICHTENMITABENTEUERN

Alphabet

3 Schreibe die Wörter nach dem Alphabet geordnet
mit dem bestimmten Artikel auf. Schreibe so: *der Affe, …*

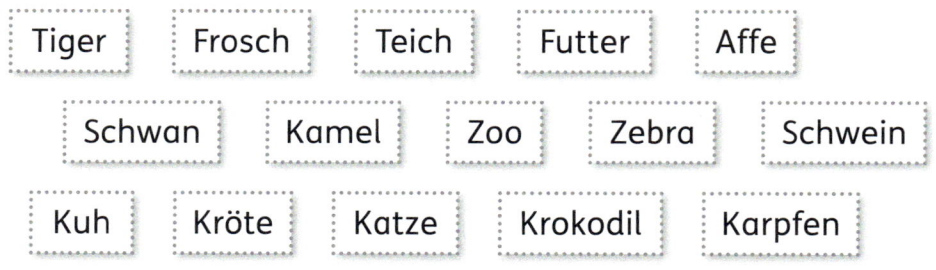

Tiger	Frosch	Teich	Futter	Affe
Schwan	Kamel	Zoo	Zebra	Schwein
Kuh	Kröte	Katze	Krokodil	Karpfen

4 Schlage in der Wörterliste nach. Schreibe die Wörter auf.

Welches Wort findest du direkt unter dem Wort **Sommer**?
Welches Wort steht über dem Wort **Garten**?
Zwischen welchen Wörtern findest du das Wort **Katze**?

20

Wörtertraining

die Schule   das Bild   der Füller   die Schere
die Aufgabe   die Klasse   der Junge   das Mädchen

So schreibe ich Übungswörter ab:

1. **Lesen und mitsprechen:**
   Ich lese das Wort und spreche es in Silben.  Klasse

2. **Schwierige Stellen merken:**
   Ich merke mir schwierige Stellen im Wort.  Klasse

3. **Abdecken:**
   Ich decke das Wort ab.

4. **Aufschreiben:**
   Ich spreche das Wort in Silben.
   Ich schreibe das Wort auf.

5. **Vergleichen:**
   Ich vergleiche Buchstabe für Buchstabe.  Klasse
   Ich achte auf die schwierigen Stellen im Wort. Klasse

6. **Verbessern:**
   Ist das Wort richtig, mache ich
   ein Häkchen  dahinter.
   Ist das Wort falsch geschrieben,
   streiche ich es durch.
   Ich schreibe das Wort richtig.

1 Schreibe die Übungswörter ab. Beachte die Abschreibregeln.

2 Übe nun eigene Wörter.

21

Gesund und munter

Verben

1 Erzählt, was die Kinder tun.

> Wörter, die sagen, was Menschen, Tiere, Pflanzen oder Dinge tun, heißen **Verben** (Tunwörter).
> Verben schreibe ich klein: singen, gehen, spielen.

2 Suche dir Verben aus. Spiele sie vor, ohne zu sprechen. Lass deinen Partner raten.

schwimmen	hüpfen	gähnen	werfen	duschen
tanzen	schimpfen	schleichen	lachen	niesen

3 Überlege dir eigene Verben. Schreibe sie auf. Spiele sie der Klasse vor.

Es sind vier Verben.

4 Schreibe den Text ab. Markiere alle Verben.

Die Kinder spielen auf dem Schulhof.

Niko und Ali verstecken sich hinter einem Baum.

Sie erschrecken die anderen.

Alle Kinder lachen laut.

Grundform und Personalform

1 Welche Sportarten machen die Kinder? Erzählt.

2 Setze die Satzstreifen richtig zusammen. Schreibe die Sätze auf. Markiere die Verben.

Mila   reitet jeden Tag.

Ali   schwimmt gerne.

Noriko   spielt oft Tischtennis.

Verben haben eine **Grundform**: schwimmen, tanzen, spielen.
Verben können sich verändern. Es kommt darauf an,
wer etwas tut. Dann stehen sie in der **Personalform**:
ich schwimm**e**, **du** schwimm**st**, **er/sie/es** schwimm**t**,
wir schwimm**en**, **ihr** schwimm**t**, **sie** schwimm**en**.

3 Schreibe den Text auf. Setze die Verben richtig ein.

Sport ist gesund!

Ich ▭ im Sommer im Meer.

Du ▭ auf dem Trampolin im Garten.

Niko ▭ gerne Fußball.

Wir ▭ Ballett.

Ihr ▭ mit dem Fahrrad in die Schule.

Papa und Mama ▭ am Sonntag durch den Wald.

tanzen   springst   tauche   spielt   fahrt   laufen

4 Welchen Sport machst du? Schreibe Sätze. Markiere die Verben.

→ AH S. 13 23

Wortstamm und Endung

1 Was sagen die Kinder? Lies genau.

Ich springe auch mit!

Wir springen alle gleichzeitig!

Du springst toll!

Sie springt hoch!

Toll, ihr springt schnell!

Sie springen gut!

2 Wie unterscheiden sich die Verben in den Sprechblasen? Was bleibt gleich? Sprecht darüber.

> Verben verändern sich (Personalform).
> Was gleich bleibt, nennt man Wortstamm.
> Was sich ändert, nennt man **Endung**:
> **ich** hüpf e   **wir** hüpf en
> **du** hüpf st   **ihr** hüpf t
> **er/sie/es** hüpf t   **sie** hüpf en

3 Schreibe die Sätze auf. Ergänze die passenden Verbformen.

Ich spiele mit dem Ball.
Du ▬ Völkerball.
Er ▬ mit dem Rollbrett.
Wir ▬ ein Fangspiel.
Ihr ▬ Handball.
Sie ▬ Fußball.

spiele
spielen
spielt
spielst
spielt
spielen

4 Kreise den Wortstamm ein und unterstreiche die Endung.

24   → AH S. 14

5 Schreibe die Sätze auf. Ergänze die passenden Personalformen.

Ich ▭ sehr schnell.
Du ▭ schneller als ich.
Er ▭ nicht gern.
Wir ▭ um die Wette.
Ihr ▭ auf dem Schulhof.
Sie ▭ nach Hause.

rennen

6 Kreise den Wortstamm ein und unterstreiche die Endung.

7 Hier sind die Verben vertauscht. Schreibe die Sätze richtig auf.

Mila hüpft wie eine Katze.
Timo schleicht wie ein Frosch.
Sinan kriecht wie ein Elefant.
Emma trampelt wie eine Schlange.

8 Kreise den Wortstamm ein
und unterstreiche die Endung.

9 Schreibe die Verben in allen Personalformen auf.
Schreibe so: *ich springe, du ..., ...*

springen   kriechen   rollen   hüpfen

10 Kreise den Wortstamm ein und unterstreiche die Endung.

25

Strategie: Verben verlängern

1 In welchen Korb gehören die Bälle? Sprecht darüber.

2 Schreibe die Verben aus Aufgabe 1 untereinander auf.

3 Bilde zu jedem Verb aus Aufgabe 2 eine Personalform.
Umkreise den Wortstamm: *steig)en: er steig)t*

> Wenn ich nicht weiß, ob ein Verb mit **b** oder **p** oder
> mit **g** oder **k** geschrieben wird, verlängere ich es:
> er schrei**b**t – schrei **b**en, sie leg**t** – le **g**en.

4 Finde die Wortpaare. Ergänze die fehlenden Buchstaben.
Schreibe so: *geben – er gibt, …*

geben	lieben		er gi ▪ t	sie lie ▪ t
spuken	bleiben		sie blei ▪ t	es spu ▪ t

5 Schreibe die Wortgruppen auf. Ergänze die fehlenden Buchstaben.

b oder **p**?

schie ▪ en – er schie ▪ t
hu ▪ en – er hu ▪ t
kle ▪ en – er kle ▪ t

g oder **k**?

mer ▪ en – sie mer ▪ t
wie ▪ en – sie wie ▪ t
par ▪ en – sie par ▪ t

 **6** Lies die Sätze. Schreibe alle Verben untereinander heraus.

Lieblingsspiele

Unsere Lehrerin fragt nach unseren Lieblingsspielen.
Jedes Kind sagt den anderen sein Lieblingsspiel:
Ole jagt gerne andere Kinder. Nina steigt gern
auf die Sprossenwand. Anne schiebt ihre Freundin
mit dem Rollbrett auf dem Pausenhof. Im Sportunterricht
liebt Marek das Fliegerspiel.

Ich liege sooo gerne in meiner Hängematte und träume vom Fliegen.

 **7** Schreibe neben die Verben
aus Aufgabe 6 die Grundformen.
Schreibe so: *fragt – fragen, ...*
Markiere **b/p** oder **g/k**.

 **8** Schreibe die Sätze auf. Ergänze die fehlenden Buchstaben.
Markiere die eingesetzten Buchstaben.

Merit stei█t durch den Reifen.
Sinan ü█t eine Rolle.
Lotte zei█t Marek ein Kunststück.
Nikos Ball flie█t ins Tor.
Emma schrei█t die Ergebnisse auf.

  9 Vergleicht eure Ergebnisse. Erkläre deine Schreibweise.

27

Selbstlaute und Mitlaute

1 Kennt ihr das Obst und Gemüse? Benennt es.

Ich mag Melonen.

2 Versuche, diese Wörter zu lesen. Was hörst du?
Welche Buchstaben fehlen?

| T●m●t● | K●w● | K●rt●ff●ln | Br●kk●l● | S●l●t |

| B●rn● | Bl●m●nk●hl | ●n●n●s | M●l●n● | P●pr●k● |

> **A/a, E/e, I/i, O/o, U/u** sind Laute, die von selbst klingen.
> Sie heißen **Selbstlaute**. In jeder Silbe ist mindestens ein Selbstlaut.
> Alle anderen Laute des Alphabets heißen **Mitlaute**.

3 Schreibe die Wörter von Aufgabe 2 auf. Zeichne die Silbenbögen.
Markiere die Selbstlaute. Schreibe so: *To ma te, ...*

4 Schreibe die Wörter richtig auf. Markiere den Selbstlaut,
den du verändert hast. Schreibe so: *Beh nen – Boh nen, ...*

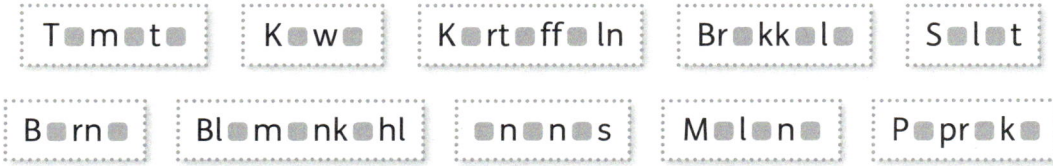

| Behnen | Opfel | Zitrine | Garke | Kohlrubi |

| Pamelo | Bonane | Mingo | Karsche | Mundarine |

28   → AH F+I S. 13/14

Umlaute und Zwielaute

1 Erzählt, was ihr über die Ernährungspyramide wisst.
Ordnet die Wortkarten richtig zu.

2 Schreibe die Wörter aus dem Bild oben ab.
Zeichne die Silbenbögen: *Möh ren, ...*

> Wörter bestehen aus **Silben**. In jeder Silbe steht mindestens
> ein Selbstlaut (**a, e, i, o, u**), ein Umlaut (**ä, ö, ü**) oder
> ein Zwielaut (**au, ei, eu**): Kä se, Schnitt lauch, Ei er.

3 Markiere die Selbstlaute, die Umlaute und Zwielaute
in den Wörtern von Aufgabe 2: *Möh ren, ...*

4 Setze die Puzzleteile zusammen. Schreibe die Wörter auf.

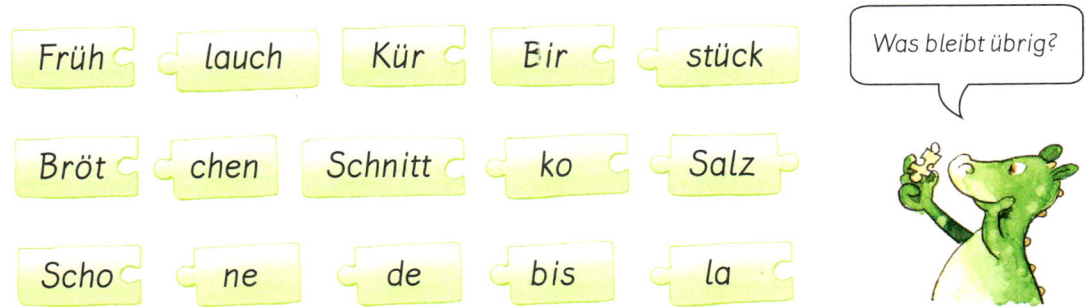

Früh	lauch	Kür	Bir	stück
Bröt	chen	Schnitt	ko	Salz
Scho	ne	de	bis	la

Was bleibt übrig?

5 Zeichne die Silbenbögen unter die Wörter von Aufgabe 4.
Markiere die Selbstlaute, Umlaute und Zwielaute: *Früh stück, ...*

→ AH S. 16
29

Einkaufszettel

1 Schaut euch die Bilder an.
Besprecht, wie der Obstsalat zubereitet wird.

1. 2. 3. 4. 5.

2 Ole möchte diesen Obstsalat
zubereiten. Er hat einen
Einkaufszettel geschrieben.
Was fällt dir auf?

Apfel
Banane
Orangensaft
Haferflocken

3 Schreibe den Einkaufszettel vollständig auf.

Ich möchte heute eine
leckere Pizza backen.

Auf einen **Merkzettel** oder
Einkaufszettel schreibe ich nur
Stichwörter.

4 Welche Zutaten braucht Niko nicht?
Schreibe sie auf.

Mehl
Nudeln
Öl
Schuhe
Kartoffeln
Salami
Nägel

5 Schreibe einen Einkaufszettel für deine Lieblingspizza.

Rezept

1 Bereitet gemeinsam den Obstsalat von Seite 30 zu.

2 Was habt ihr nacheinander gemacht?
Schreibe die Stichwörter in der richtigen Reihenfolge auf.

- Obst vermischen und Orangensaft zugeben

- Obst schneiden

- 1 Esslöffel Jogurt, 1 Esslöffel Haferflocken zufügen

- mit einem Teelöffel Honig abschmecken

- Obstsalat auf kleine Schüsseln verteilen

- Obst waschen und schälen

3 Verbessere den Text. Schreibe die Sätze mit den unterschiedlichen Satzanfängen auf.

danach   nun   jetzt   anschließend   zum Schluss

Mein Rezept für Obstsalat

Zuerst wasche und schäle ich das Obst.
Dann schneide ich das Obst klein.
Dann vermische ich das Obst in einer Schüssel.
Dann gebe ich Orangensaft dazu.
Dann verteile ich den Obstsalat auf kleine Schüsseln.
Dann füge ich je einen Löffel Jogurt und Haferflocken zu.
Dann schmecke ich alles mit Honig ab.

So schreibe ich ein **Rezept**:
- Ich schreibe die Zutatenliste vollständig auf.
- Ich halte die Reihenfolge genau ein.
- Ich verwende unterschiedliche Satzanfänge.

→ AH S. 17   **31**

Umfrage

1 Die Kinder der Klasse 2b wollen eine Umfrage zum Thema „Gesundes Frühstück" machen.
Lest die Fragen der Kinder. Überlegt euch weitere Fragen.

Gesundes Frühstück
1. Frühstückst du jeden Morgen?
2. Wo frühstückst du?
3. Wie lange frühstückst du?
4. Was isst du?

2 Schreibt einen Fragebogen.

	Frühstückst du?	Wo frühstückst du?	Wie lange frühstückst du?	Was isst du?
Ali	ja	Küche	10 Minuten	Müsli
Lotte	nein	–	–	–

So mache ich eine **Umfrage**:
– Ich überlege, was ich wissen will und sammle meine Fragen.
– Ich schreibe einen Fragebogen.
– Ich schreibe die Antworten in Stichwörtern auf.

3 Macht die Umfrage. Befragt fünf Kinder.

4 Wer frühstückt gesund? Sprecht über die Ergebnisse eurer Umfrage.

32

Eine Geschichte zu einem Bild schreiben

1 Betrachte das Bild genau. Was ist hier passiert?

2 Lies die Stichwörter. Findest du noch andere Stichwörter, die zum Bild passen? Schreibe sie auf.

| Lena | Kater Tom | nasse Schnauze | Frühstück | Milch |

3 Welche Geschichte fällt dir zum Bild oben ein? Erzähle.

So schreibe ich eine **Geschichte zu einem Bild**:
– Ich schreibe die Stichwörter in der richtigen Reihenfolge auf.
– Ich schreibe mit den Stichwörtern eine Geschichte.
– Ich gebe allen Personen einen Namen.
– Ich überlege mir eine passende Überschrift.

4 Schreibe deine Geschichte zum Bild oben auf.

5 Suche dir ein Bild aus. Schreibe deine Geschichte auf.

→ AH S. 18 **33**

Üben

Verben

1 Schreibe die Verben auf: *lachen, ...*

lachenschlafensprechenkriechenwerfenrollenkochen

2 Schreibe die Sätze mit den richtigen Verben auf.

Ich ▬ gern.

In meinem Chor ▬ viele Kinder.

Meine Freundin Lena ▬ jetzt auch mit.

singt

singen

singe

Strategie: b oder p? g oder k? ↪

3 Finde die Wortpaare. Schreibe sie auf.

| reiben | sie trägt | | hupen | er parkt |
| tragen | sie reibt | | parken | er hupt |

4 Markiere **b** oder **p**, **g** oder **k**.

Selbstlaute

5 Schreibe die Verben auf. Setze die richtigen Selbstlaute ein.

k▬chen   t▬nzen   r▬fen

f▬nden

6 Zeichne die Silbenbögen.
Markiere die Selbstlaute.
Schreibe so: *ko chen, ...*

l▬gen

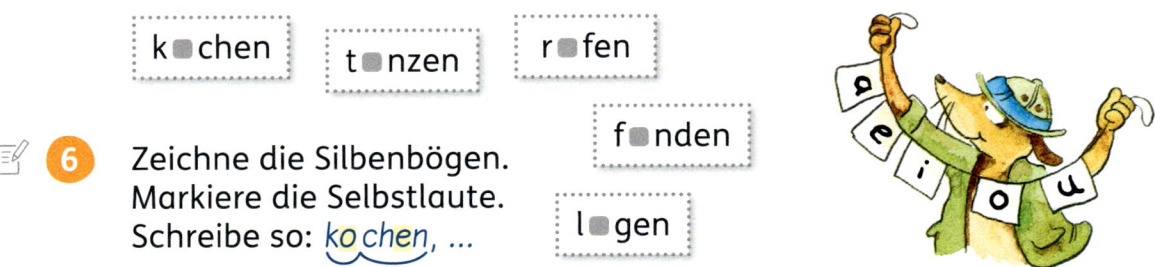

Üben

Verben

1 Schreibe die Sätze auf.
Setze das Verb **hüpfen** in der richtigen Personalform ein.

Ich ▬ wie ein Floh.

Du ▬ wie ein Frosch.

Das Eichhörnchen ▬ von Ast zu Ast.

Wir ▬ zusammen über das Seil.

2 Kreise den Wortstamm ein und unterstreiche die Endung.

Strategie: b oder p? g oder k? ↪

3 Schreibe die Sätze auf.
Trage die Verben in der richtigen Personalform ein.

Noriko ▬ in ihr Tagebuch.

Der Autofahrer ▬ nach dem Weg.

Das Gespenst ▬ im Schloss.

Opa ▬ auf die Leiter.

fragen

spuken

schreiben

steigen

4 Markiere **b** oder **p**, **g** oder **k** in den Verben.

Selbstlaute

5 Je ein Verb rechts und links reimen sich.
Schreibe die Reimpaare auf: *stecken – erschrecken, ...*

stecken trinken	flitzen singen
springen fahren	erschrecken sinken
leben sitzen	sparen geben

6 Zeichne die Silbenbögen und markiere die Selbstlaute: *stecken* – ...

35

Üben

Verben

1 Schreibe die Sätze auf. Setze die Verben in der richtigen Personalform ein.

So ▦ (kochen) ich Spagetti:

Ich ▦ (füllen) zuerst Wasser in einen Topf.

Dann ▦ (stellen) ich ihn auf den Herd.

Ich ▦ (warten), bis das Wasser ▦ (kochen).

Dann ▦ (geben) ich die Spagetti in das Wasser

und ▦ (stellen) den Wecker.

Nach acht Minuten ▦ (gießen) ich

die Spagetti vorsichtig in ein Sieb. Fertig!

2 Kreise den Wortstamm ein und unterstreiche die Endung.

Strategie: b oder p? g oder k?

3 Wie werden die Wörter geschrieben?
Schreibe sie mit der Grundform auf: *sie reibt – reiben, ...*

sie rei▪t	er trä▪t	sie hu▪t	sie schie▪t
ihr vertrei▪t	er fra▪t	sie par▪t	ihr sa▪t

Umlaute und Zwielaute

4 Schreibe die Verben mit den richtigen Umlauten oder Zwielauten auf.

z▪hlen	fl▪ten	schn▪ben	r▪ten	w▪nen	z▪bern
s▪fzen	m▪gen	n▪hen	fr▪en	h▪pfen	w▪nschen

5 Zeichne die Silbenbögen.
Markiere die Umlaute und Zwielaute. Schreibe so: *zäh len, ...*

Wörtertraining

üben   sagen   geben – gibt
fangen   rollen   fragen   arbeiten   fliegen

1 Schreibe die **Übungswörter** ab. → SB S. 21

So schreibe ich Texte ab:

1. **Lesen und mitsprechen:**
   Ich lese den ganzen Text.
   Dann lese ich den ersten Satz.
   Ich spreche ihn leise mit.

   Der Ball fliegt weit.

   Der Ball fliegt …

2. **Merken und abdecken:**
   Ich merke mir einen Teil des Satzes.
   Darin merke ich mir schwierige Stellen.
   Ich decke den Satz ab.

   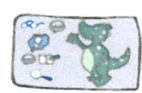

3. **Aufschreiben:**
   Ich schreibe den Teil des Satzes auf.
   Ich spreche leise mit.

   Der Ball fliegt …

4. **Vergleichen und verbessern:**
   Ich vergleiche Wort für Wort.
   Ich achte auf die schwierigen Stellen.

   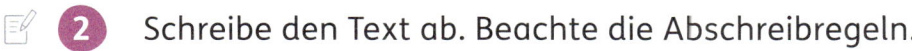

2 Schreibe den Text ab. Beachte die Abschreibregeln.

Ballspiele

Lottes Ball fliegt durch die Luft.

Ali fängt den Ball.

Er gibt ihn Lotte.

Sinan rollt einen Ball zu Mila.

Niko und Hugo üben Weitwurf.

37

Du und ich und wir

Einzahl und Mehrzahl

1 Welche Dinge sind auf dem Bild zu sehen?
Zeichne eine Tabelle. Trage alle gefundenen Wörter
in die linke Spalte ein.

ein oder eine	viele
ein Spiel	...
...	...

Spiel

Tisch

Regal

Kiste

Bild

Lampe

Auto

Stift

Murmel

2 Ergänze die rechte Spalte der Tabelle von Aufgabe 1.

Nomen können in der **Einzahl** (Singular) oder in der **Mehrzahl**
(Plural) stehen. Viele Nomen verändern sich in der Mehrzahl:
ein Stift – viele Stift**e**, der Stift – die Stift**e**.

3 Was hat sich verändert? Markiere die Wortenden in der
rechten Spalte der Tabelle von Aufgabe 1 und 2.

4 Was gibt es in deinem Kinderzimmer? Schreibe es in die Tabelle.

Umlaute in der Mehrzahl

1 Was spielst du gerne mit deinen Freunden? Erzähle.

2 Schreibe alle Nomen mit **ä**, **ö** und **ü** aus dem Text untereinander auf. Bilde daneben die Einzahl.
Schreibe so: *die Bücher – das Buch, ...*

Gestern haben Lotte und ihre Freunde
Bücher über Indianer gelesen.
Heute sind sie selber Indianer.
Lotte, Ole und Rasmus verstecken sich.
Merit sucht sie hinter den Büschen.
Da knacken Äste. Vögel flattern hoch.
Die Indianer recken neugierig ihre Hälse.
Da! Merit hat sie entdeckt!
Jetzt gibt es für alle Äpfel, Nüsse und
frisches Brot mit Körnern.

3 Markiere **ä**, **ö** und **ü** in den Nomen aus Aufgabe 2.
Wie verändern sich diese Buchstaben in der Einzahl?
Sprecht darüber.

Aus **a**, **o** und **u** werden in der Mehrzahl oft **ä**, **ö** und **ü**.
Die Buchstaben **ä**, **ö** und **ü** heißen **Umlaute**:
das B**u**ch – die B**ü**cher.

4 Schreibe die Nomen in Einzahl und Mehrzahl auf.
Markiere die Selbstlaute und Umlaute:
*das B**a**nd – die B**ä**nder, ...*

Band   Fuß   Zopf

Tuch   Kamm   Topf

Strategie: Nomen verlängern

1 Lies den Text laut.
Welche Buchstaben fehlen? Wie klingen sie?

Lotte hat Geburtsta■.

Sie hat ihr schönstes Klei■ an.

Sie hat jedes Kin■ aus dem Haus eingeladen.

Ihr Freun■ Ole hat einen Kor■

mit Süßigkeiten mitgebracht.

Er hat seinen Hun■ dabei.

Plötzlich fehlt der Kor■!

Wer war der Die■?

2 Schlage die Lückenwörter in der Wörterliste nach.
Schreibe sie auf.

3 Was fällt euch auf? Sprecht darüber.

> Wenn ich nicht weiß, ob am Wortende **b** oder **p**, **d** oder **t**,
> **g** oder **k** geschrieben wird, verlängere ich das Wort.
> Bei Nomen bilde ich die Mehrzahl: der Kor**b** – die Kör**b**e.

4 Schreibe die Wortpaare auf. Setze die richtigen Buchstaben ein.
Schreibe so: *die Körbe – der Korb, …*

b oder **p**?

die Sie■e	–	das Sie■
die Käl■er	–	das Kal■
die Stä■e	–	der Sta■
die Grä■er	–	das Gra■
die Ver■en	–	das Ver■

d oder t?

die Rä■er	–	das Ra■
die Bil■er	–	das Bil■
die Hef■e	–	das Hef■
die Pfer■e	–	das Pfer■
die Nes■er	–	das Nes■

g oder k?

die We■e	–	der We■
die Ber■e	–	der Ber■
die Zü■e	–	der Zu■
die Zwer■e	–	der Zwer■
die Uhrwer■e	–	das Uhrwer■

  5 Vergleicht eure Ergebnisse. Erklärt eure Schreibweise.

  6 Diktiere deinem Partner die Wörter aus Aufgabe 4 in der Einzahl. Kontrolliere. Tauscht die Rollen.

 7 Welcher Buchstabe steht am Wortende?
Schreibe die Wörter auf.

> Verlängere die Wörter.

der Ausflu■	der Wal■	das Schil■
der Zwei■	der Urlau■	
das Krau■	der Ran■	der Hu■
das Ba■	der Res■	
der Sonnta■	der Stau■	das Wer■

  8 Vergleicht eure Ergebnisse. Erklärt eure Schreibweise.

Strategie: Merkwörter mit V/v Ⓜ

1 Schreibe die Wörter zu den Bildern auf.

Die Wörterliste hilft dir.

2 Welches **V/v** klingt wie **f**? Markiere blau.
Welches **V/v** klingt wie **w**? Markiere grün.

> **V/v** kann wie **f** oder **w** klingen.
> Ich kann nicht hören, wie die Wörter geschrieben werden.
> Ich muss sie mir merken: Vase – Vater.

3 Hier ist etwas durcheinandergeraten.
Schreibe richtig auf. Markiere **V/v**.

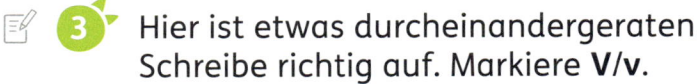

Klavier wegbringen   Vogel wecken

vollen Müllsack üben   Vater füttern

4 Sprich diese Zungenbrecher so schnell wie möglich.

Viele Vögel flattern vor vielen Vogelhäuschen.
Vier volle Vasen fallen von vier Klavieren.

5 Schreibe die Zungenbrecher auswendig auf.
Kontrolliere.

6 Erfinde eigene Zungenbrecher mit **V/v**.

7 Bilde mit den Wörtern Sätze. Schreibe so:
Viele Verkehrsschilder stehen auf der Straße.

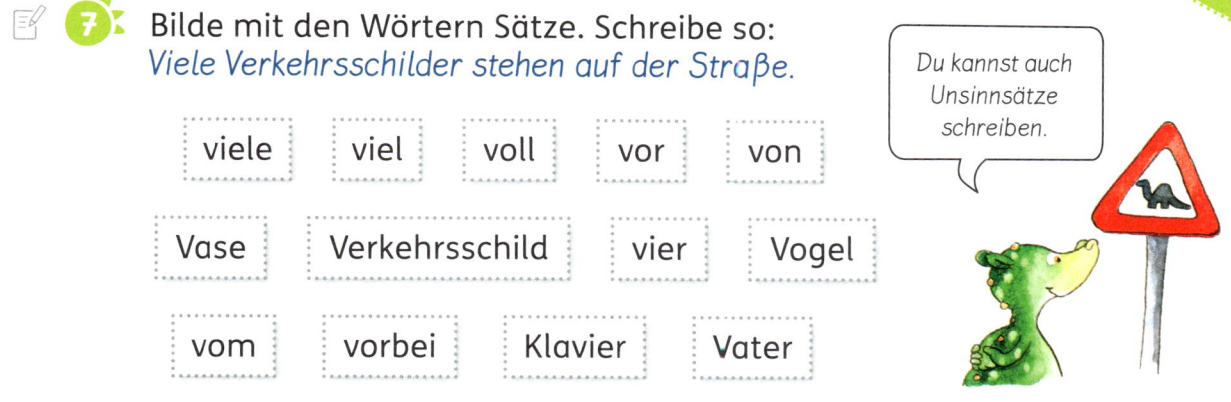

> Du kannst auch Unsinnsätze schreiben.

viele	viel	voll	vor	von

Vase	Verkehrsschild	vier	Vogel

vom	vorbei	Klavier	Vater

8 Setze vor die folgenden Verben **vor-** und **ver-**.
Schreibe so: *spielen – vorspielen – verspielen, …*

vor- spielen / schreiben / lesen / laufen

ver- spielen / schreiben / lesen / laufen

9 Erkläre den Unterschied zwischen **spielen**, **vorspielen** und
verspielen. Auch bei den anderen Verben gibt es Unterschiede
in der Bedeutung. Sprecht darüber.

Vor- und **ver-** sind **Vorsilben**. Sie verändern die Bedeutung
eines Verbs: spielen – vorspielen – verspielen.
Ich schreibe **vor-** und **ver-** immer mit **v**.

10 Suche dir aus Aufgabe 8 vier Verben aus.
Schreibe mit ihnen Sätze.

43

Aufforderungssätze

1 Lies den Plan.
Wer hat welche Aufgaben in deiner Familie? Erzähle.

Mutter	Vater	Lotte	Ben
•Essen kochen •einkaufen	•abwaschen •Rasen mähen	•abtrocknen • Zimmer aufräumen •Hausaufgaben machen	•Vogelkäfig säubern •Müll wegbringen •Blumen gießen

2 Oh je! Lotte und Ben haben ihre Aufgaben nicht erledigt.
Wozu fordern die Eltern ihre Kinder auf?
Schreibe so: *Trockne jetzt das Geschirr ab!*

3 Markiere das Ausrufezeichen und den großen Anfangsbuchstaben
in jedem Satz aus Aufgabe 2.

In einem **Aufforderungssatz** wird jemand aufgefordert,
etwas zu tun. Am Ende setze ich ein Ausrufezeichen.
Am Satzanfang schreibe ich groß: **R**äum dein Zimmer auf!

4 Schreibe die Aufforderungssätze richtig auf: *Sprich lauter!*

setz dich gerade hin

kaufe Milch ein

lass deinen Bruder in Ruhe

putz dir die Zähne

iss dein Brot auf

sprich deutlicher

zieh dir eine Jacke an

5 Markiere die Ausrufezeichen und den Satzanfang.

44

Ausrufe

1 Erzähle zu den Bildern.
Ist dir so etwas auch schon passiert?

Aua!

Huch!

Iiih!

Nach **Ausrufen** setze ich ein Ausrufezeichen.
Am Satzanfang schreibe ich groß: **T**oll! **D**as ist super!

2 Schreibe die Ausrufe richtig auf: *Aua!*

igitt

das ist prima

aua

super

klasse

das ist toll

3 Schreibe die Sätze mit den fehlenden Satzschlusszeichen auf.

Beeilt euch

Halt die Käfig-klappe auf

Hilfe

Sei still

Morgen füttere ich den Vogel

Es fehlt Vogelfutter

Pfui

Ich möchte nicht den Müll wegbringen

Oh je

. oder !

4 Vergleicht eure Lösungen. Sprecht darüber.

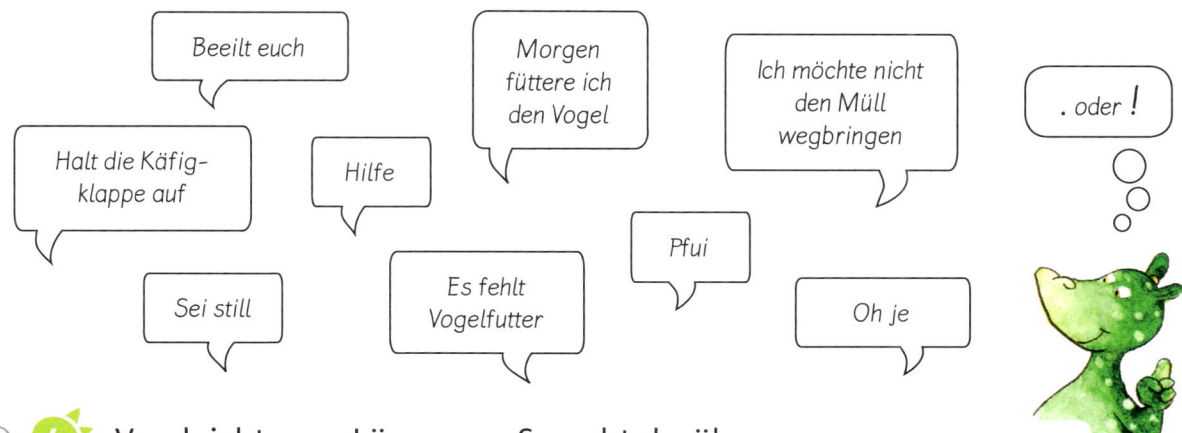

→ AH S. 25 **45**

Eine Szene nachspielen

  1 Lotte hat von ihrer Oma einen Pullover zum Geburtstag geschenkt bekommen. Wie könnte sich Lotte bedanken? Spielt vor.

> Hallo Oma!
> Mir geht es prima.
> Ich ...

> Hallo Lotte!
> Geht es dir gut?
> Ist das Geburtstags-
> geschenk angekommen?

  2 Es gibt viele Möglichkeiten, sich zu bedanken oder um etwas zu bitten. Sucht euch eine Szene aus. Überlegt euch, was ihr sagen könnt. Die Wörter in den Kästchen helfen euch.

> Hausmeister bitten,
> das Kakaogeld zu
> wechseln

> sich bei einem Freund
> für ein Geschenk bedanken

> sich bei einem Freund
> für eine Einladung
> zum Geburtstag bedanken

> einen Klassenkameraden
> um einen Stift bitten

> vielen Dank
> ich bedanke mich
> ich danke dir
> danke schön, dass
> danke für

> ich bitte dich
> darf ich bitte
> ich habe eine Bitte
> kann ich bitte
> ich möchte bitte

  3 Spielt eure Szene nach.

46

Briefe schreiben

1 Lies die Briefe.
Womit beginnen und womit enden sie?

> Und wer schreibt mir?

Hallo Sinan,
ich finde, dass du schön singen kannst.
Deine Merit

Lieber Timo,
ich fand es blöd, dass du mir das Wasser über den Pulli gekippt hast. Aber über deine Entschuldigung habe ich mich gefreut.
Lotte

Lieber Marek,
mit dir spiele ich besonders gerne Lego. Du hast so tolle Ideen.
Dein Ole

Hallo Emma,
nach unserem Streit war ich sehr traurig. Wollen wir uns wieder vertragen?
Ali

So schreibe ich einen **Brief**:
- Ein Brief hat eine Anrede.
  Nach der Anrede setze ich ein Komma: *Lieber Marek,*
- Danach schreibe ich klein weiter: *mit dir spiele ich gerne.*
- Unter den Brief schreibe ich meinen Namen: *Dein Ole*

2 Schreibe einem Kind aus deiner Klasse einen Brief.

Lieber Niko,
ich finde es super, dass du heute in der Gruppenarbeit so leise warst.
Dein Max

47

Mit Sprache spielen

Geheimsprachen

  1 Lotte hat Merit einen Geheimbrief geschrieben.
Welche Regel hat Lotte für ihre Geheimsprache gebraucht?

> *Lubu Murut,*
> *kunnun wur uns hutu Nuchmuttug um Spulplutz um dru Uhr truffun?*
> *Wur kunnun schukuln udur Sundkuchun buckun.*
> *Buttu untwurtu mur.*
>
> *Dunu Luttu*

2 Schreibe den Brief richtig auf.

3 Schreibe auch einen Brief in dieser Geheimsprache.

4 Merit hat Lotte in ihrer Geheimschrift geantwortet.
Welche Regel hat Merit gebraucht?

> *L++b+ L+tt+,*
> *d+s +st pr+m+! +ch k+nn +m dr++ z+ d+r k+mm+n.*
> *+ch br+ng+ Sch++f+ln f+r d+n S+ndk+st+n m+t.*
>
> *D++n+ M+r+t*

5 Schreibe den Brief richtig auf.

6 Denke dir eine eigene Geheimsprache aus.

Wörterschlange

1 Einigt euch auf ein Nomen. Jeder schreibt dieses Nomen auf ein Blatt Papier. Auf „Los!" versucht jeder, mit dem letzten Buchstaben des Wortes ein neues Nomen aufzuschreiben. Wer als Erster zehn Nomen aufgeschrieben hat, hat gewonnen.

Dino, Oma, Ampel, Luft, Tasche, Esel

2 Spielt dieses Spiel nun mit der ganzen Klasse. Wer nicht mehr weiter weiß, muss eine lustige Aufgabe lösen.

Kikeriki!

Die schnelle 5

3 Schreibt jeden Buchstaben des Abc auf ein kleines Kärtchen. Legt alle Kärtchen verdeckt auf den Tisch.
Einer dreht eine Karte um. Sofort schreibt jeder fünf Wörter, die mit diesem Buchstaben beginnen, auf ein Blatt.
Wer zuerst die fünf Wörter geschrieben hat, hat gewonnen und bekommt einen Punkt. Nun dreht der Nächste ein Kärtchen um und los geht's!

4 Spielt das Spiel noch einmal. Diesmal dürfen nur Verben aufgeschrieben werden: *niesen, nehmen, …*

49

Üben

Einzahl und Mehrzahl

1 Schreibe die Nomen mit Artikel ab.
Bilde daneben die Mehrzahl: *das Schiff – die Schiffe, …*

das Schiff
die Flasche
das Bild
das Zelt
der Stein

2 Schreibe die Wortpaare auf.
Setze bei der Mehrzahl die fehlenden Umlaute ein.

der Ball – die B▪lle   der Zahn – die Z▪hne

das Huhn – die H▪hner   der Stuhl – die St▪hle

der Kopf – die K▪pfe   der Stock – die St▪cke

3 Markiere die Selbstlaute und
Umlaute: *der Ball – die Bälle, …*

Strategie: b/d/g oder p/t/k? ↪

4 Schreibe die Wortpaare ab. Setze die fehlenden Buchstaben ein.
Die Mehrzahl hilft dir dabei.

die Pfer**d**e – das Pfer▪   die Hü**t**e – der Hu▪

die Ta**g**e – der Ta▪   die Kin**d**er – das Kin▪

die Bän**k**e – die Ban▪   die Die**b**e – der Die▪

5 Markiere die eingesetzten Buchstaben.

50

Üben

Einzahl und Mehrzahl

1 Zeichne eine Tabelle. Trage die Wörter in der Einzahl mit Artikel ein.

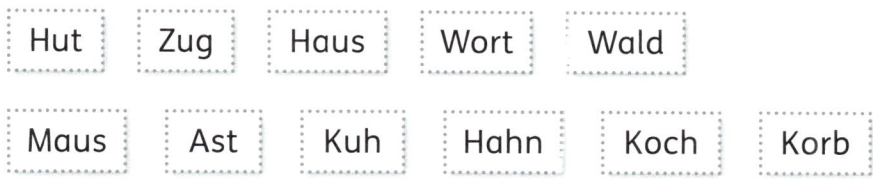

Hut | Zug | Haus | Wort | Wald

Maus | Ast | Kuh | Hahn | Koch | Korb

2 Ergänze die Mehrzahl. Markiere die Veränderungen.

Strategie: b/d/g oder p/t/k?

> die Hunde, also:
> der Hund mit **d**

3 Welcher Buchstabe steht am Wortende?
Schreibe die Wörter so auf: *der Hund – die Hunde, ...*

der Hun◻ | der Ran◻ | der Mark◻

das Pake◻ | der Freun◻ | der Mun◻

das Kal◻ | das Wer◻ | der Elefan◻ | der We◻

Aufforderungssätze, Ausrufe und Aussagesätze

4 Schreibe die Sätze ab. Setze ! oder . ein.

Das ist ja schrecklich◻ Das Glas ist umgekippt und alles ist nass◻
Rasmus spielt am offenen Fenster◻ Mach sofort das Fenster zu◻
Aua◻ Lotte hat sich an der Tür gestoßen◻
Hugo freut sich über die Kinder◻ Super gemacht◻

5 Markiere den Satzanfang und die Satzzeichen.

51

Üben

Einzahl und Mehrzahl

1 Schreibe die Nomen in Einzahl und Mehrzahl auf:
das Nashorn – die Nashörner, ...

NASHORNANZUGNACHTGRASSTRAUCHWALDBLATTHAHNNUSSFRUCHTBUCHBUSCH

2 Markiere die Umlaute.

Strategie: b/d/g oder p/t/k?

3 Schreibe die Nomen zu den Bildern auf.
Markiere im Wort den schwierigen Buchstaben.

4 Kontrolliere mit der Wörterliste. Korrigiere bei einem Fehler so:
der Dieb – die Diebe, ...

Aufforderungssätze, Ausrufe und Aussagesätze

5 Schreibe die Sätze richtig auf. Ergänze die Satzzeichen.

ali hat ein Bild gemalt ▪ super ▪ räum den Platz auf ▪
klasse gemacht ▪ du bist ordentlich ▪ geh spielen ▪
es ist schon spät ▪ komm rein ▪ fein ▪

> *Satzanfänge schreibe ich groß.*

6 Markiere die Satzanfänge und die Satzzeichen.

7 Unterstreiche alle Aussagesätze blau,
alle Ausrufe grün und alle Aufforderungssätze orange.

52

Wörtertraining

der Verkehr   der Vogel   der Vater
vier   viel   vom   von   vor

1 Schreibe die Übungswörter ab. → SB S. 21

2 Schreibe den Text ab. → SB S. 37

Ole wartet

Ole wartet auf seine vier Freunde.
Auf der Straße ist viel Verkehr.
Sein Vater kommt von der Arbeit nach Hause.
Er hat Ole ein Buch über Vögel mitgebracht.
Endlich stehen seine Freunde vor der Tür.

So bilde ich Sätze mit den Übungswörtern:

Ich achte auf den Verkehr.

1. **Überlegen und aufschreiben:**
   Ich überlege mir einen Satz
   mit einem Übungswort.
   Ich schreibe den Satz auf.

   Verkehr

2. **Markieren und Silben schwingen:**
   Ich markiere das Übungswort
   im Satz.
   Ich zeichne die Silbenbögen.

   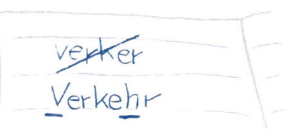
   Ich achte auf den Verkehr.

3. **Vergleichen und verbessern:**
   Ich vergleiche Buchstabe für Buchstabe.
   Ich achte auf die schwierigen Stellen.

   verker
   Verkehr

---

3 Bilde mit den Übungswörtern Sätze.

Traumhaft und fantasievoll

Wortfamilien

1 Kannst du zaubern? Erzähle oder zeige deinen Zaubertrick.

2 Lies den Text. Schreibe alle Wörter mit dem Wortteil **-zauber-** heraus.

Der Zauberer schenkt der Zauberin einen Zauberring.
Sie findet das Geschenk zauberhaft.
Nun möchte sie probieren, was man damit zaubern kann.
Sie zaubert bezaubernde Kleider.
Im Zauberwald werden diese Kleider gern gekauft.

3 Umkreise den Wortteil **-zauber-** in den Wörtern von Aufgabe 2.

Was in einem Wort gleich bleibt, nennt man Wortstamm .
Wörter mit gleichem Wortstamm gehören zu einer **Wortfamilie**:
zauber n, be zauber n, Zauber in.

4 Ordne die Wörter nach den zwei Wortfamilien -hex- und -back- .
Umkreise den Wortstamm.
Schreibe so: -hex-: die (Hex)e, ...
              -back-: der (Back)ofen, ...

der Backofen

die Hexe

ich backe

hexen

verhext

backen

das Hexenhaus

die Backware

5 Schreibe die Wörter ab.
Umkreise den gemeinsamen Wortstamm.

| Zauberkugel | Glaskugel | kugelig | kugeln | Kugelblitz |

6 Bilde die Mehrzahl zu den Nomen. Schreibe Einzahl und
Mehrzahl nebeneinander. Umkreise den Wortstamm.
Schreibe so: die Ziege – die Ziegen, ...

die Ziege   der Esel   der Hase

der Hund   die Katze   das Reh

7 Je ein Wort passt nicht zur Wortfamilie.
Schreibe dieses Wort auf.
Vergleiche dein Ergebnis mit einem Partner.

Schlaf   schlaflos   schlafen   Schaf

Fahrt   Radfahrer   fragen   fahren

kaufen   laufen   Kaufhaus   einkaufen

8 Schreibe die drei Wortfamilien
von Aufgabe 7 auf.
Umkreise jeweils den Wortstamm.

9 Ergänze zu jeder Wortfamilie
aus Aufgabe 8 ein Wort.

einschlafen
abfahren
verkaufen

55

Kurz oder lang gesprochene Selbstlaute

1 Sprich die Wortpaare. Wie werden die Selbstlaute gesprochen?
Schreibe so: *das Schaf – schaffen, ...*

| das Schaf – schaffen | wenn – wen | er kam – der Kamm |

| den – denn | die Rose – das Ross |

> Selbstlaute können lang – oder kurz • gesprochen werden:
> das Schaf – schaffen.

2 Lies das Märchen.

Es lebte einmal ein kleiner Prinz in einem großen Schloss. Jeden Morgen weckte ihn ein Vogel mit seinem schönen Gesang und der Prinz gab dem Vogel ein Stück Brot. Doch an diesem Tag geschah etwas Sonderbares. Der Vogel schenkte dem kleinen Prinzen zwei seiner schönsten Federn.

Damit flog der kleine Prinz in die Lüfte und ließ sich auf einer Wolke nieder. Von dort aus winkte er dem Ritter auf seiner Burg und dem Schaf auf der Weide zu. Am späten Abend flog er zurück in sein Schloss. Er legte dem Vogel zum Dank eine Rose in sein Nest und ging zufrieden und glücklich in sein Bett.

3 Sprich die markierten Wörter aus Aufgabe 2 deutlich.
Wie sprichst du die Selbstlaute? Trage die Wörter in eine Tabelle ein.

kurz gesprochen •	lang gesprochen –
der Prinz	der Vogel
...	...

56

Strategie: Merkwörter mit aa, ee, oo Ⓜ

1 Lies den Text. Lies ihn danach deinem Partner vor.

Eine kleine, freche **Fee**
stapfte durch den hohen **Schnee**
zu einem zauberhaften **See** aus **Tee**.

Dort nahm sie sich ein altes **Boot**.
Es war klein und feuerrot.
Sie ruderte wie wild drauflos
zu einer Insel ganz aus **Moos**.

All ihr **Haar** wehte im Wind,
denn sie ruderte geschwind.

Im **Moos** fand sie dann eine Truhe,
die ließ ihr einfach keine Ruhe.
Drum sah sie in die Truhe rein:
… **leer**!
Das musste eine Falle sein.

2 Wie sprichst du die Selbstlaute in den fett gedruckten Wörtern?
Schreibe die Wörter geordnet nach **aa**, **ee**, **oo** auf.

3 Bilde Sätze mit den Wörtern aus Aufgabe 2.

In manchen Wörtern mit lang gesprochenem Selbstlaut
wird der Selbstlaut doppelt geschrieben.
Diese Wörter muss ich mir merken:
das **Haa**r, das **Paa**r, die **Fee**, der **Schnee**, der **See**, der **Tee**, **lee**r,
das **Boo**t, das **Moo**s, der **Zoo**.

4 Schreibe die Wörter auf. Ergänze die doppelten Selbstlaute.

das H ■ ■ r   der Z ■ ■   der T ■ ■

der S ■ ■   die F ■ ■   l ■ ■ r   der Schn ■ ■

das B ■ ■ t   das M ■ ■ s   das P ■ ■ r

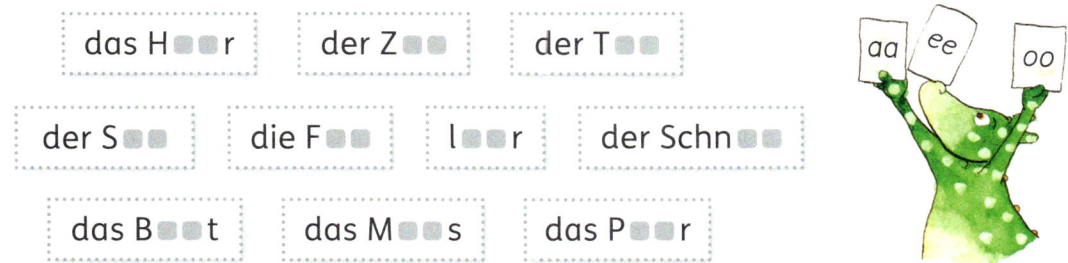

→ AH S. 30   → AH F+I S. 24/25 **57**

Strategie: Merkwörter mit Dehnungs-h (M)

1 Lies die Sätze. Schreibe sie ab. Markiere die Wörter wie im Text.

Ein Müller hat drei Söhne.
Der Kater des Müllers wird sehr berühmt.

Hänsel und Gretel wohnen im Wald.
Im Ofen der Hexe brennen Kohlen.

Frau Holle belohnt Marie,
weil sie sehr fleißig war.
Der Hahn begrüßt Marie.

Wie heißen die Märchen?

2 Zeichne Silbenbögen unter die markierten Wörter.
Wird der Selbstlaut vor dem **h** lang oder kurz gesprochen?

In einigen Wörtern steht nach dem lang gesprochenen
Selbstlaut ein **h**.
Das Dehnungs-h steht vor **l, m, n, r**:
die Ko**h**le, berü**h**mt, der So**h**n, se**h**r.

3 Bilde zu den Wörtern **wohnen** und **fahren** je eine Wortfamilie.
Schreibe so: wohnen: die Wohnung, ...
fahren: die Fahrbahn, ...

4 Schreibe die Lückensätze auf. Setze **ihm, ihn** oder **ihr** sinnvoll ein.

Marie hat Frau Holle die Spindel geliehen. Sie gibt sie ▬ zurück.

Die Hexe will den Hänsel dick füttern. Sie bringt ▬ gutes Essen.

Der Kater verlässt den Müllerssohn. Er wird ▬ vermissen.

Wörter mit ie

1 Lies den Text deinem Partner vor.
Sprich die Wörter mit **ie** deutlich.

Am Dienstag liegt ein Riese
auf der Wiese.
Er lacht sich schief,
weil der Brief
an seinen lieben Bruder
über die Wiese lief.

2 Schreibe den Text aus Aufgabe 1 ab.
Markiere die Wörter mit **ie**.

Viele Wörter mit lang gesprochenem **i**
werden mit **ie** geschrieben: sch**ie**f, Br**ie**f, W**ie**se.

3 Bilde Reimwörter. Schreibe sie untereinander auf.
Markiere **ie**.

schief	Wiese	biegen	Sieb
t___	R___	l___	l___
Br___	L___	fl___	D___

4 Was geschieht am Dienstag? Schreibe die Sätze richtig auf.

Am Dienstag liegen   Frieda wieder vier Bienen fliegen.

Am Dienstag sieht   wieder viele Tiere auf der Wiese.

5 Bilde ähnliche Sätze wie in Aufgabe 4.

→ AH S.32   → AH F+I S.26/27 **59**

Wörter mit ng und nk

 **1** Lies den Text und reime weiter.
Schreibe die Reimwortpaare untereinander auf.
Schreibe so: *Ringe singen*
D... br...

Der Zauberer macht Sachen, da müssen alle lachen:

Er zaubert bunte <u>Ringe</u> – alles unnütze D▭.

Die Katze lässt er <u>singen</u> und süßen Kuchen br▭.

Er zaubert in den großen <u>Schrank</u> eine kleine, grüne B▭.

Er verwandelt einen <u>Engel</u> in einen wilden, frechen B▭.

Die Sterne lässt er <u>blinken</u> und dann im Meer ver▭.

 **2** Finde zu den Reimwörtern aus Aufgabe 1 weitere Reimwörter.

 3 Die Silben der Kartenpaare sind vertauscht.
Schreibe die Wörter richtig auf.
Schreibe so: *Henkel und Zange, ...*

Hen – ge   den – kel
Zan – kel   dun – ken

brin – ken   Sen – gel
dan – gen   Stän – kel

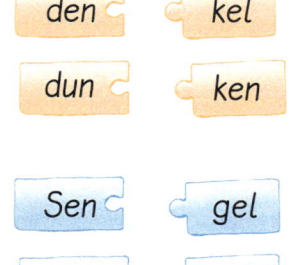

Meine Schuhe haben Schnürsenkel.

4 Erzähle zu den Bildern. Die Wortkarten helfen dir.

| fangen | schenken | bringen | trinken |

5 Schreibe die Sätze auf.
Setze die Verben aus Aufgabe 4 in der richtigen Form ein.

Sterntaler ▭ dem armen Mann ein Stück Brot.

Rotkäppchen ▭ der Großmutter Kuchen und Wein.

Brüderchen ▭ aus dem verwunschenen Brunnen.

Dem Schneider gelingt es, das Einhorn zu ▭.

6 Schreibe die Verben aus dem Text heraus.
Schreibe die Grundform dazu: *bringt – bringen, ...*

Rotkäppchen bringt der kranken Oma Kuchen.

Der Hahn singt am lautesten.

Dem Zauberer gelingt der Trick.

Der Müller winkt seinen Söhnen zum Abschied.

7 Markiere in Aufgabe 5 und 6 **ng** blau und **nk** grün.

61

Zu einer Bildfolge erzählen und schreiben

Froschkönig einmal anders

  1 Erzählt zu den Bildern. Nutzt die Stichwörter.

Prinzessin – spielen –
goldene Kugel –
in den Brunnen gefallen

Frosch – helfen wollen –
verzauberter Prinz –
Kuss verlangen

Prinzessin – küssen –
Frosch – nicht gern

erschrecken – nicht Prinz –
Prinzessin – Frosch werden

  2 Bilde mit Hilfe der Stichwörter Sätze. Schreibe die Geschichte auf.
Du kannst so beginnen: *Es war einmal ...*
Du kannst so beenden: *Und wenn sie nicht gestorben sind, dann ...*

Mit verteilten Rollen spielen 1

1 Sieh dir die Bildfolge von Seite 62 genau an.
Zu welchen Bildern gehören diese Gespräche?

Erzähler: Es war einmal eine schöne Prinzessin. Die spielte gern am Brunnen mit ihrer goldenen Kugel.

Prinzessin: Oh, nein! Jetzt ist meine schöne goldene Kugel in den Brunnen gefallen. Was soll ich nur tun?

Erzähler: Die Prinzessin war sehr unglücklich. Da kam aus dem Brunnen ein Frosch. Der erzählte, dass er ein verzauberter Königssohn sei.

Frosch: Warum bist du denn so traurig, Prinzessin?

Prinzessin: Meine goldene Kugel ist in den Brunnen gefallen.

Frosch: Ich kann sie dir heraufholen, wenn du mir vorher einen Kuss gibst.

Erzähler: Das wollte die Prinzessin ganz und gar nicht. Sie sagte:

Prinzessin: ▬

Frosch: ▬

Erzähler: Oh je, was ist denn nun passiert?

Prinzessin: ▬

Frosch: ▬

Erzähler: Und wenn sie nicht gestorben sind, ...

2 Schreibe auf, was Frosch und Prinzessin in den weiteren Bildern sagen könnten.

3 Bastelt Stabpuppen und spielt das Märchen als Schattenspiel.

63

Mit verteilten Rollen spielen 2

1 Lest das Gedicht betont vor. Erklärt, was Niko und Hugo spielen.

Schattenspiel

Am Abend geistern Schatten
noch lustig an der Wand.
Da spielen wir Theater
mit nichts als unsrer Hand.

Wer zeigt sich überm Bette,
welch Untier groß und grau?
Das ist der Wolf, der böse,
den kennt man ganz genau!

Sein Hunger ist gewaltig,
sein Rachen fürchterlich:
Du Ziegenbock da drüben,
gib acht, gleich frisst er dich!

Josef Guggenmos

2 Lest mit verteilten Rollen. Wie müsst ihr die Tiere sprechen?

Wolf: Ziegenbock, bleib stehen!
Ziegenbock: Ich habe keine Zeit.
Wolf: Was hast du denn vor?
Ziegenbock: Ich habe eine Verabredung mit den sieben Geißlein.
Wolf: Das könnte dir so passen. Bleib stehen!
Ziegenbock: Ich kann nicht.
Wolf: Die Geißlein können warten, erst …

3 Schreibe weiter und finde ein passendes Ende.

4 Spielt euer Schattenspiel mit verteilten Rollen.

64

Einladung

1 Lest die beiden Einladungen und vergleicht sie.

Liebe Eltern,
um 15 Uhr führen wir unser Märchenspiel „Die sieben Geißlein" auf. Alle sind herzlich eingeladen.

Am 9. März führen wir in unserem Klassenraum ein Märchenspiel auf. Alle sind herzlich eingeladen.
Die Kinder der Klasse 2a

So schreibe ich eine **Einladung**:
- Ich schreibe eine Anrede.
- Ich gebe Tag, Zeit, Ort an und sage, was für eine Veranstaltung es ist.
- Am Ende schreibe ich einen Gruß.

2 Schreibe eine vollständige Einladung. Nutze die Informationen aus den beiden Einladungen oben.

3 Schreibe eine Einladung zum Märchenspiel „Froschkönig einmal anders" von Seite 63.

→ AH S. 36   **65**

Üben

Merkwörter mit aa, ee, oo Ⓜ

1 Lies die Wörter.

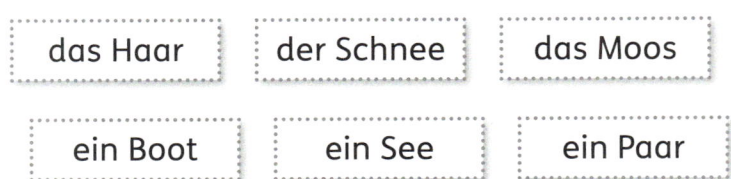

| das Haar | der Schnee | das Moos |

| ein Boot | ein See | ein Paar |

2 Schreibe die Wörter nach **aa**, **ee**, **oo** geordnet auf.
Schreibe so: *aa: das Haar, ...*
ee: ...
oo: ...

Merkwörter mit Dehnungs-h Ⓜ

3 Einige Wörter reimen sich.
Schreibe die Reimwörter untereinander auf.
Schreibe so: *Sohn*
Lohn

> Einmal reimen sich drei Wörter.

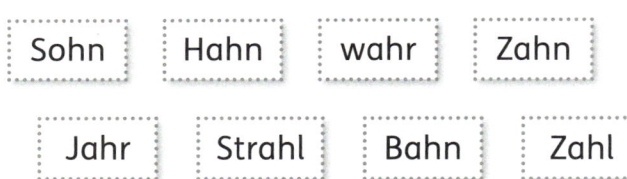

| Sohn | Hahn | wahr | Zahn |

| Jahr | Strahl | Bahn | Zahl | Lohn |

Wörter mit ie

> Es sind neun Wörter.

4 Lies die Sätze. Schreibe alle Wörter mit **ie** heraus.

Im Sommer liege ich wieder in der Sonne.
Dann sehe ich die Vögel am Himmel fliegen.
Auf der Wiese spielen Ziegen und Schafe.
Abends schreibe ich einen Brief an meinen lieben Freund.

5 Zeichne die Silbenbögen. Markiere **ie**: *lie ge, ...*

66

Üben

Merkwörter mit aa, ee, oo (M)

1 Schreibe die Wörter nach den drei Wortfamilien geordnet auf.

-schnee- -haar- -boot-

Schneeball Ruderboot Haarfarbe

Haarbürste Motorboot Schneemann

2 Markiere die doppelten Selbstlaute.

Merkwörter mit Dehnungs-h (M)

> Das Dehnungs-h steht vor l, m, n, r.

3 Bilde Wörter aus den Silben. Schreibe sie auf: *fühlen, ...*

füh- -nen   Oh- -ler

woh- -ren   Jah- -ren

fah- -len   Feh- -re

4 Zeichne die Silbenbögen. Markiere das Dehnungs-h: *füh len, ...*

Wörter mit ie

5 Schreibe die Sätze auf. Setze die Wörter richtig ein.

Im Sommer ▬ Hugo gern am Strand.
Beim Dosenwerfen muss Sinan gut ▬.
Mila ▬ ihr Fahrrad.
Nina und Anne ▬ Ball.

liegen   zielen   schieben   spielen

67

Üben

Merkwörter mit aa, ee, oo Ⓜ

1 Schreibe die Wörter richtig auf. Kontrolliere mit der Wörterliste.

Schn▭ T▭ F▭ S▭ H▭ B▭

Merkwörter mit Dehnungs-h Ⓜ

2 Schreibe die Wörter nach Wortfamilien geordnet auf.
Schreibe so: -zahl-: bezahlen, ...

-zahl- -wohn- -wahl-

bezahlen die Wahl die Wohnung zahlen gewählt

die Zahl die Wohnungstür bewohnt verwählen

das Zahlwort wohnlich wählen wohnen

Wörter mit ie

3 Bilde Unsinnsätze. Schreibe sie auf.

Mädchen fliegen viele Briefe.

Alle Riesen kriegen den lieben, langen Tag.

Kleine Fliegen spielen über riesige Wiesen.

Vier Damen lieben Fußballsieger.

4 Markiere ie.

68

Wörtertraining

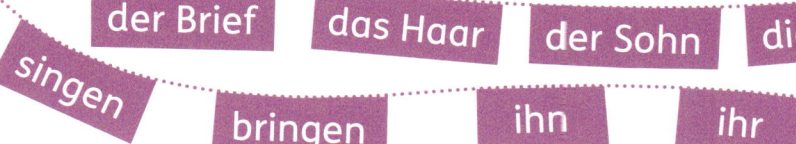

der Brief das Haar der Sohn die Wiese

singen bringen ihn ihr

✎ **1** Schreibe die **Übungswörter** ab. → SB S. 21

✎ **2** Schreibe den Text ab. → SB S. 37

Merits Geburtstag

Am Morgen zieht Merit ihr schönstes Kleid an.

Danach bindet sie ihre Haare zu einem Zopf.

Im Briefkasten findet sie einen Brief von ihrer Oma.

Merit öffnet ihn sofort.

Am Nachmittag bringen die Kinder Geschenke mit.

Alle singen ein Geburtstagslied für Merit.

Dann spielen sie auf der Wiese.

✎ **3** Bilde mit den **Übungswörtern** Sätze. → SB S. 53

So übe ich Nomen:

1. **Nomen heraussuchen:**
   Ich suche alle Nomen aus den **Übungswörtern** heraus.

2. **Einzahl und Mehrzahl aufschreiben:**
   Ich schreibe die Nomen in der Einzahl und
   in der Mehrzahl mit bestimmtem Artikel auf.

   der Brief – die Briefe

3. **Änderungen markieren:**
   Ich markiere, was sich ändert.

   der Brief – die Briefe

✎ **4** Suche aus den **Übungswörtern** die vier Nomen heraus.
Schreibe sie in der Einzahl und der Mehrzahl auf.
Schreibe so: *der Brief – die Briefe, …*

Der Natur auf der Spur

Zusammengesetzte Nomen

1 Lest mit verteilten Rollen und löst die Rätsel.

Das Haus einer Schnecke ist ein ...?

Schneckenhaus!

Vogel...!

Das Nest eines Vogels heißt ...?

Ein Baum mit Äpfeln ist ein ...?

2 Schreibe eigene Rätselfragen auf. Lass deinen Partner raten.

> Nomen, die aus mehreren Wörtern zusammengesetzt werden, heißen **zusammengesetzte Nomen**:
> Vogel + **N**est → Vogel**n**est.

3 Setze die Nomen zusammen.
Schreibe so: *Wald + Tier → Waldtier, ...*

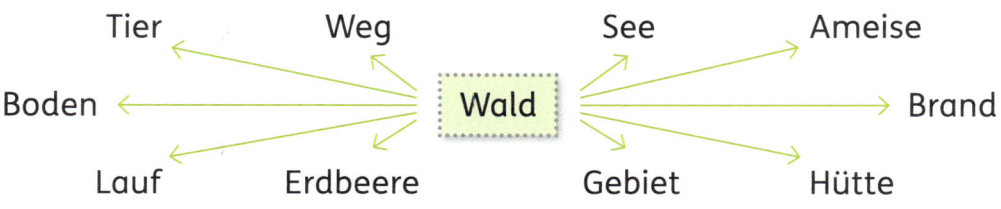

Tier   Weg   See   Ameise

Boden   **Wald**   Brand

Lauf   Erdbeere   Gebiet   Hütte

4 Bilde zusammengesetzte Nomen mit **Tier**.

Zusammengesetzte Nomen mit Artikel

1 Schreibe ab. Setze den bestimmten Artikel ein.

der Vogel + das Nest → ▬ Vogelnest
das Laub + der Frosch → ▬ Laubfrosch
der Wald + die Ameise → ▬ Waldameise

2 Markiere die bestimmten Artikel aus Aufgabe 1. Was fällt euch auf?

Das zusammengesetzte Nomen bekommt immer den **Artikel des letzten Nomens**:
der Hirsch + **das** Geweih → **das** Hirschgeweih,
das Wasser + der Vogel + **die** Feder → **die** Wasservogelfeder.

3 Setze die Nomen zusammen. Schreibe den Text auf.

Niko öffnet das Garten + Tor und
betritt den Kies + Weg.
Zuerst holt er aus dem Holz + Haus
die Garten + Geräte.
Neben dem Gemüse + Beet
pflanzt er Blumen + Zwiebeln.
Zwischen den Baum + Wurzeln
entdeckt er das Loch einer Maus.
Niko räumt auch den Sand + Kasten auf.
Zum Schluss klettert er auf sein Baum + Haus.

4 Markiere alle zusammengesetzten Nomen.

→ AH S. 38/39 71

Nomen mit -chen und -lein

1 Schreibe den Text ab.
Markiere alle Nomen mit **-chen** und **-lein**.

Ein Igelchen läuft auf vier Füßchen durch ein Wäldchen.
Es findet ein Würmchen und ein Schnecklein.
Dann kuschelt es sich in sein Nestchen.
Das Igelchen schließt die Äuglein.

2 Schreibe die Nomen mit **-chen** und **-lein** aus
Aufgabe 1 heraus. Schreibe das Nomen daneben.
Schreibe so: *Igelchen – Igel, ...*

> Nomen können mit **-chen** und **-lein** verkleinert werden.
> Der **bestimmte Artikel** ist immer **das**:
> die Maus – **das** Maus**chen** oder **das** Maus**lein**.

3 Verkleinere die Nomen mit **-chen**.
Schreibe so: *der Hund – das Hündchen, ...*

| Hund | Käfer | Katze | Biene |

| Garten | Ast | Pflanze | Tropfen |

4 Verkleinere die Nomen mit **-lein**.
Schreibe so: *der Fisch – das Fischlein, ...*

| Fisch | Bach | Spinne | Bauch |

| Rose | Vogel | Fuchs | Mann |

Wortfamilien

1 Lies den Text. Schreibe die markierten Wörter untereinander auf.

Im größten aller **Wälder** lebte
ein kleines **Mäuschen**
mit seinen **Brüdern**.
Eines Tages entdeckten sie
zwischen den **Bäumen** zwei **Körbe**.
Die **Mäuse** krabbelten hinein.
Da griffen zwei **Hände** die Körbe
und trugen sie weg.
So kamen die Mäuse in eine Hütte.
Schnell huschten sie unter die **Stühle**
und in die **Löcher**.

2 Schreibe neben die Wörter aus Aufgabe 1 verwandte Wörter.
Schreibe so: *Wälder – Wald, …*

Wörter einer **Wortfamilie** haben einen **ähnlichen** Wortstamm:
die Maus – die Mäuse – das Mäuschen.

Der Wortstamm hilft mir, alle Wörter einer
Wortfamilie richtig zu schreiben.

Bäume schreibe ich mit äu, weil es von Baum kommt.

3 Bilde Drillinge zu jedem Wort. Umkreise den Wortstamm.
Schreibe so: *der Baum – die Bäume – das Bäumchen, …*

Baum   Haus   Hand

Wurm   Topf   Bruder

Fragesätze

1 Schreibe die Fragen der Kinder mit den passenden Antworten von Frau Simon auf.

Morgen machen wir einen Ausflug in den Wald. Wer hat noch eine Frage?

Welche Tiere wollen wir beobachten?

Wo treffen wir uns?

Wann kommen wir zurück?

Um 13 Uhr kommen wir zurück.

Wir wollen Vögel und Eichhörnchen beobachten.

Wir treffen uns auf dem Schulhof.

Wenn ich etwas wissen möchte, stelle ich eine **Frage**.
Fragesätze beginnen oft mit **Fragewörtern**:
Wer ...? Was ...? Wie ...? Warum ...? Wann ...? Wo ...?
Am Ende eines Fragesatzes steht ein **Fragezeichen**.

2 Die Mutter hat viele Fragen an Nina und Anne. Schreibe sie richtig auf.

Wie hat euch der Ausflug gefallen

Welche Tiere habt ihr gesehen

Wo habt ihr eine Pause gemacht

Warum sind eure Hosen so nass

3 Markiere die Fragewörter und die Fragezeichen.

Satzarten

1 Schreibe die Fragen auf. Ergänze die richtigen Fragewörter. Setze das Fragezeichen.

⬛ sieht ein Eichhörnchen aus ⬛
⬛ frisst ein Eichhörnchen ⬛
⬛ lebt ein Eichhörnchen ⬛
⬛ Junge bekommt ein Eichhörnchen ⬛
⬛ Feinde hat ein Eichhörnchen ⬛

Wo ...

Was ...

Welche ...

Wie ...

Wie viele ...

2 Markiere die Fragewörter und die Fragezeichen.

3 Informiere dich im Internet über das Eichhörnchen. Beantworte die Fragen aus Aufgabe 1 schriftlich.

Es gibt auch **Fragesätze ohne Fragewörter**:
Macht das Eichhörnchen Winterschlaf?
Fütterst du die Vögel im Winter?

4 Lest das Gespräch abwechselnd mit der richtigen Betonung. Entscheidet, ob am Satzende ein **!** oder **?** steht.

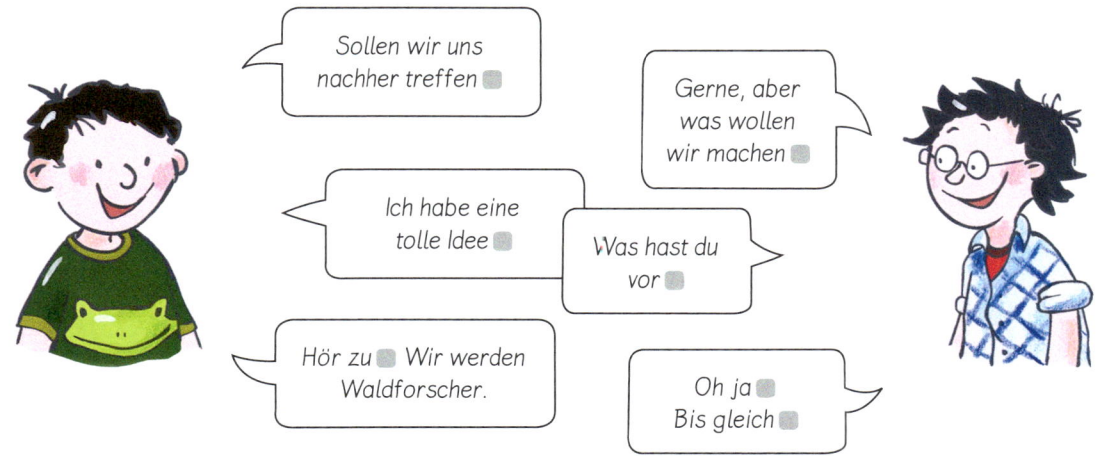

Sollen wir uns nachher treffen ⬛

Gerne, aber was wollen wir machen ⬛

Ich habe eine tolle Idee ⬛

Was hast du vor ⬛

Hör zu ⬛ Wir werden Waldforscher.

Oh ja ⬛ Bis gleich ⬛

5 Schreibe die Sätze aus Aufgabe 4 auf. Setze **!** oder **?** am Satzende.

→ AH S. 42

75

Adjektive

1 Schaut euch die Vögel an. Welche Unterschiede fallen euch auf?

Blaumeise　　　　Stieglitz　　　　Rotkehlchen　　　　Buntspecht

2 Welchen Vogel beschreibt Ole? Was fällt euch auf?

> Der Vogel hat einen Kopf und einen Schnabel.
> Er hat Flügel und einen Schwanz.
>
> Ole

Das kann doch jeder Vogel sein.

3 Ole hat seine Beschreibung verbessert.
Schreibe auf, welchen Vogel Ole beschreibt.

> Der Vogel hat einen rot-weißen Kopf
> und einen langen weißen Schnabel.
> Außerdem hat er einen braun-weißen Bauch
> und schwarze Flügel mit einem gelben Streifen.
> Sein Schwanz ist kurz und schwarz.
>
> Ole

Jetzt weiß ich es!

4 Schreibe Oles Beschreibung ab. Mit welchen Wörtern
beschreibt er den Vogel genauer? Markiere sie.

Adjektive (Wiewörter) beschreiben, wie etwas ist oder aussieht:
Der **kleine** Vogel singt.　　　Der Schnabel ist **spitz**.

Adjektive verändern sich

  Ole hat auch den Grünspecht beschrieben.
Schreibe den Text auf. Setze die Adjektive richtig ein.

groß   rot   grün

lang, spitz   braun

Der Grünspecht

Der Grünspecht ist ein ▬ Vogel.

Am Kopf hat er ▬ Federn.

Er hat einen ▬ und ▬ Schnabel.

Außerdem hat er ▬ Flügel.

Der Grünspecht hat einen ▬ Schwanz.

Wenn Adjektive vor Nomen stehen, verändert sich ihre **Endung**:
braun → ein braun**er** Rücken
groß → der groß**e** Vogel
hell → ein hell**es** Gefieder

 Suche dir einen Vogel aus Aufgabe 1 von Seite 76 aus.
Schreibe passende Adjektive zu ihm auf.

  Beschreibe deinen Vogel genau. Nutze dafür die Adjektive
aus Aufgabe 2.
Dein Partner soll deinen Vogel erraten.

Der Vogel hat einen ▬ Kopf

und einen ▬ Schnabel.

Außerdem hat er einen ▬ Bauch

und ▬ Flügel.

Er hat noch einen ▬ Schwanz.

1 Findet heraus, wie das Wort geschrieben wird.

gelp oder gelb?

Mein Wellensittich
Sein Gefieder ist

Um herauszufinden, wie ein Adjektiv am Ende geschrieben wird,
verlängere ich es:

gelb/p	→	der gelbe Flügel	→	also: gelb
rund/t	→	das runde Vogelnest	→	also: rund
winzig/k	→	der winzige Jungvogel	→	also: winzig

2 Schreibe die Sätze auf. Setze die Buchstaben richtig ein.
Schreibe so: *Das wilde Reh äst auf der Lichtung. → also: wild*

d oder **t**? Das wil■e Reh äst auf der Lichtung. → also: wil■

g oder **k**? Der riesi■e Baum steht am Waldrand. → also: riesi■

b oder **p**? Das trü■e Licht fällt durch die Blätter. → also: trü■

g oder **k**? Der schrä■e Ast versperrt den Weg. → also: schrä■

d oder **t**? Der ro■e Fuchs verschwindet im Wald. → also: ro■

g oder **k**? Der gifti■e Fliegenpilz steht neben der Birke. → also: gifti■

3 Markiere **b/p**, **g/k** und **d/t** in allen Adjektiven aus Aufgabe 2.

Eine Tiergeschichte weiterschreiben

  1 Lies die Geschichte. Wie könnte die Geschichte weitergehen?
Die Stichwörter unten können dir helfen. Erzähle einem Partner.

Ole und Benni

Ole geht mit seinem Hund Benni im Wald spazieren.

Er lässt Benni von der Leine. Plötzlich springt ein Kaninchen

hinter dem Busch hervor. Sofort rennt Benni bellend

hinter dem Kaninchen her. Doch weit kommt Benni nicht …

| – steckt im Kaninchenbau fest | – Ole läuft nach Hause | – mit einem Spaten ausgraben |

So **schreibe** ich eine **Geschichte weiter**:
- Was ich schreibe, muss zum Anfang passen.
- Die Personen oder Tiere kommen weiter vor.
- Ich erzähle in der richtigen Reihenfolge.
- Ich überlege mir einen passenden Schluss.

 **2** Schreibe die Geschichte von Ole und Benni weiter.

 **3** Schreibe die Tiergeschichte weiter.

Abenteuer im Wald

Mila und Marek machen ein Picknick im Wald.
Marek öffnet das Honigglas und bestreicht sein
Brötchen mit Honig. Gerade als er in sein Brötchen
beißen will, hört er ein tiefes Brummen …

→ AH S. 45 79

Steckbrief

1 Lies den Text.

Der Mäusebussard

Der Mäusebussard ist etwa 55 cm groß.

Sein Gefieder ist dunkelbraun bis weiß.

Der Schnabel ist kurz und gebogen.

Der Mäusebussard lebt im Wald.

Besonders gern frisst er Feldmäuse.

In Deutschland ist der Mäusebussard

das ganze Jahr über zu beobachten.

Er ist ein Standvogel.

2 Schreibe den Steckbrief auf.
Ergänze dabei die markierten Wörter aus Aufgabe 1.

Steckbrief:	*Mäusebussard*
Größe:	—
Gefieder:	*dunkelbraun bis weiß*
Schnabel:	—
Lebensraum:	*im Wald*
Nahrung:	—
Besonderheiten:	*Standvogel*

Ich beachte bei einem **Steckbrief**:
Ich schreibe die wichtigsten Informationen über einen Menschen,
ein Tier oder einen Gegenstand in Stichwörtern untereinander auf.

3 Lies den Text.

Die Rauchschwalbe

Die Rauchschwalbe ist etwa 20 cm groß.
Das Gefieder ist blauschwarz.
Der Bauch ist weiß.
Sie hat einen kurzen Schnabel.
Die Rauchschwalbe lebt in der
Nähe von Feldern und Wiesen.
Sie fängt im Flug Mücken und Fliegen.
Die Rauchschwalbe ist ein Zugvogel.
Den Winter verbringt sie in Afrika.

4 Schreibe den Steckbrief auf.
Ergänze dabei die markierten Wörter aus Aufgabe 3.

Steckbrief: Rauchschwalbe

Größe: ▬

Gefieder: ▬

Schnabel: ▬

Lebensraum: ▬

Nahrung: ▬

Besonderheiten: ▬

5 Schreibe einen Steckbrief zu deinem Lieblingstier.

81

Üben

Zusammengesetzte Nomen

1 Setze die Nomen zusammen.
Schreibe so: *Eis + Becher → Eisbecher, …*

Eis + Becher →

Brief + Kasten →

Milch + Flasche →

Zahn + Bürste →

> *Das zweite Nomen im Wort schreibe ich klein.*

Fragewörter und Fragesätze

2 Schreibe die Fragen ab.
Markiere die Fragewörter und Fragezeichen.

Wie heißt du?   Wie alt bist du?   Wo wohnst du?

Was isst du gerne?   Was spielst du am liebsten?

3 Beantworte die Fragen in Sätzen. Schreibe so: *Ich heiße …*

Adjektive

4 Schreibe die Wortgruppen auf. Setze die Adjektive richtig ein.
Schreibe so: *der rote Ball, …*

der ▭ Ball

das ▭ Haus

die ▭ Geschichte

das ▭ Auto

rot

groß

spannend

schnell

82

Üben

Zusammengesetzte Nomen

1 Setze die Nomen zusammen.
Schreibe so: *das Spiel + der Platz → der Spielplatz, ...*

das Spiel + der Platz → ▱   der Vogel + das Nest → ▱

der Fußball + das Tor → ▱   der Igel + das Kind → ▱

Fragewörter und Fragesätze

2 Schreibe die Fragen auf. Setze die richtigen Fragewörter ein.
Setze das Fragezeichen.

| Wann ... | Welche ... | Was ... | Wie ... |

▱ Augenfarbe hast du   ▱ groß bist du

▱ gehst du ins Bett   ▱ machst du gerne

3 Beantworte die Fragen in Sätzen.

Adjektive

4 Schreibe den Text ab. Markiere alle Adjektive.

Heute ist ein schöner Tag. Ich spiele auf der großen Wiese.

Dort blühen bunte Blumen. Ein kleiner Vogel zwitschert.

5 Entscheide, wie die Adjektive am Ende geschrieben werden.
Schreibe so: *der lustige Junge → also: lustig, ...*

g oder **k**?   der lusti▱e Junge   → also: lusti▱
d oder **t**?   die lau▱e Musik   → also: lau▱
b oder **p**?   der lie▱e Hund   → also: lie▱
g oder **k**?   die lästi▱e Fliege   → also: lästi▱

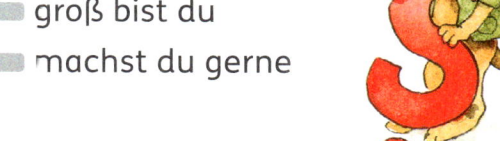

83

Üben

Zusammengesetzte Nomen

  Setze die Nomen zusammen. Markiere die Veränderungen.
Schreibe so: *die Mücke + der Stich → der Mückenstich, ...*

die Geburt + der Tag → ▭   die Sonne + der Schirm → ▭

die Blume + der Strauß → ▭   die Kirsche + der Baum → ▭

Satzarten

  Schreibe den Text auf.
Setze die fehlenden Satzschlusszeichen ein.

Das Gespenst

Mitten in der Nacht wird Hugo wach ▪ War da nicht ein Geräusch ▪

Oh Schreck ▪ Ob auf dem Dachboden ein Gespenst ist ▪

Mutig schleicht Hugo die Treppe hinauf ▪ Wo ist das Gespenst ▪

Ach, da ist es doch ▪ Eine kleine Fledermaus flattert umher ▪ Puh ▪

Adjektive

  Schreibe den Text auf. Setze die passenden Adjektive ein.

| gruseli**g/k** | blon**d/t** | lusti**g/k** | gel**b/p** | bun**d/t** |

Milas Geburtstag

In ihren ▭ Haaren trägt Mila eine rote Schleife.

Von ihren Eltern bekommt sie ein ▭ Kleid.

Der kleine Dennis schenkt ihr ein ▭ Gespensterbuch.

Opa bläst ▭ Luftballons auf.

Dabei macht er ▭ Geräusche.

Das war ein schöner Tag.

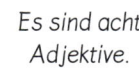

Es sind acht
Adjektive.

  Markiere alle Adjektive im Text aus Aufgabe 3.

84

Wörtertraining

braun · gelb · schwarz · blau · grün · groß · klein · laut

1 Schreibe die **Übungswörter** ab. → SB S. 21

2 Schreibe den Text ab. → SB S. 37

Das Fußballspiel

Die Kinder spielen auf der großen, grünen Wiese Fußball.

Ali trägt ein blaues Trikot und eine braune Hose.

Timo ist Schiedsrichter.

Er trägt schwarze Kleidung.

Ein lauter Pfiff ertönt.

Timo zeigt die gelbe Karte.

3 Bilde mit den **Übungswörtern** Sätze. → SB S. 53

So übe ich Adjektive:

1. **Adjektive heraussuchen:**
   Ich suche alle Adjektive aus den **Übungswörtern** heraus.

2. **Wortgruppe bilden:**
   Ich suche ein passendes Nomen zum Adjektiv.
   Ich schreibe die Wortgruppe
   mit bestimmtem Artikel auf.

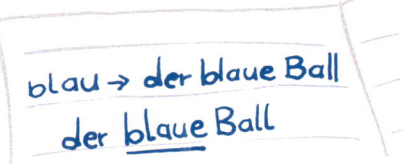

3. **Markieren:**
   Ich markiere das Adjektiv.

---

4 Bilde mit den **Übungswörtern** Wortgruppen.

85

Bei uns und anderswo

Strategie Ableiten: Wörter mit ä/e, äu/eu

1 Sieh dir die Bilder an und lies den Text.
Was ist bei Meiying anders als bei dir? Sprecht darüber.

Leben und wohnen in China

Die achtjährige Meiying wohnt in Peking. Peking zählt zu den größten
Hauptstädten der Welt. Viele Häuser haben winzige Wohnungen.
Meiying wohnt zusammen mit ihren Eltern und Großeltern in drei klei-
nen Räumen. Sie hat kein eigenes Zimmer und schläft bei ihren Eltern.

2 Schreibe alle Wörter mit **ä** und **äu** aus dem Text
untereinander heraus.

3 Welche dieser Wörter sind mit den Wörtern aus Aufgabe 2 verwandt?
Schreibe sie daneben: *achtjährige – Jahr, ...*

| Jahr | Zahl | Hauptstadt | Haus | Raum | schlafen |

4 Markiere in den Wortpaaren aus Aufgabe 3 **a/ä** und **au/äu**.

5 Sieh dir die Bilder an und lies den Text.
Was ist in China anders als in Deutschland? Sprecht darüber.

Unterwegs in China

Viele Chinesen haben kein Auto.

Auch Meiyings Vater läuft oder fährt mit dem Rad.

Täglich sind viele Fahrräder im Straßenverkehr unterwegs.

Das ist gefährlich.

Chinesen geben sich zur Begrüßung nicht die Hände.

Sie verbeugen sich freundlich.

6 Schreibe die markierten Wörter aus dem Text
untereinander heraus.

7 Zu welchen Wörtern aus Aufgabe 5 kannst du verwandte Wörter
mit **a** oder **au** finden? Schreibe so: *läuft – laufen, ...*

> Ein Wort wird mit **ä** oder **äu** geschrieben,
> wenn es ein verwandtes Wort mit **a** oder **au** gibt:
> die B**äu**me – der B**au**m → die B**äu**me
> z**ä**hlen – die Z**a**hl → z**ä**hlen
> Verk**e**hr – kein verwandtes Wort mit **a** → Verk**e**hr
> verb**eu**gen – kein verwandtes Wort mit **au** → verb**eu**gen

Endungen -en, -el, -er

1 Lies. Was ist bei Meiying anders als bei dir? Sprecht darüber.

Zu Hause bei Meiyings Familie

Meiyings Mutter arbeitet als Ärztin. Der Vater ist Lehrer.

Meiyings Familie isst zu Hause nicht mit Gabel, Messer und Löffel.

Alle essen mit Stäbchen aus einer Schüssel.

Vor der Haustür ziehen alle ihre Straßenschuhe aus.

Meiying übt zu Hause chinesische Schriftzeichen.

2 Schreibe alle markierten Wörter heraus.
Markiere **-en**, **-el** und **-er** unterschiedlich.

3 Bilde Wörter mit **-er**. Schreibe sie auf. Markiere **-er**.

-er   Bech   Wint   Fed   Klamm   Lehr

4 Bilde Wörter. Schreibe sie auf. Markiere **-en** und **-el**.

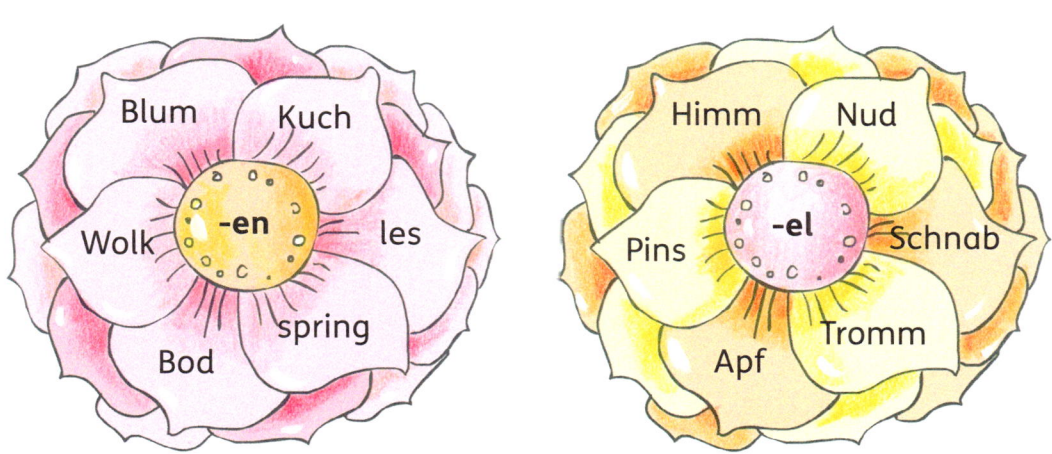

Blum, Kuch, Wolk, **-en**, les, spring, Bod

Himm, Nud, Pins, **-el**, Schnab, Tromm, Apf

5 Suche dir Wörter aus Aufgabe 4 aus.
Schreibe mit ihnen Sätze.

6 Schreibe den Text auf.
Setze **-en**, **-el** oder **-er** richtig ein.

Leb▪ in China
In der Schule red▪ die Kind▪
über ihre Familien.
Meiying ist in Peking gebor▪.
Ihre Tante und ihr Onk▪
wohn▪ nicht in Peking.
Sie leb▪ auf dem Land.
Ihr Onkel ist Bau▪.
Im Somm▪ gibt es viel Reg▪.
Dann ist das Wett▪ heiß und feucht.

7 Markiere **-en**, **-el** und **-er** unterschiedlich.

89

Wörter mit Sp/sp

  1 Lest den Text.
Welche Brettspiele spielt ihr gerne? Erzählt.

Beliebte Spiele in China

Chinesen spielen gerne Brettspiele.

Xiangqi ist ein altes chinesisches Schachspiel.

Es wird auf einem Spielbrett mit

32 Holzspielsteinen gespielt.

Zum Spiel Mahjong gehören sogar 136 Spielsteine.

Dazu gibt es viele verschiedene Spielregeln.

Ein bekanntes chinesisches Puzzlespiel ist Tangram.

> Es sind zehn Wörter.

  2 Schreibe alle Wörter mit **Sp/sp**
aus dem Text heraus.
Umkreise jeweils den Wortstamm **-spiel-**.

  3 Setze die Nomen mit **-spiel-** zusammen.
Schreibe so: *das Spiel + die Anleitung → die Spielanleitung, ...*
Markiere **Sp/sp**.

Spiel-
— Anleitung
— Platz
— Gerät
— Geld
— Straße

Würfel
Karten
Tennis
Fußball
Kinder
— -spiel

> Das zweite Nomen in zusammengesetzten Nomen schreibe ich klein.

Wörter mit St/st

1 Lies den Spruch deinem Partner deutlich vor.

Seit dieser Stunde
steht ein neuer Stuhl in unserer Runde.
In der Klasse strahlt ein neuer Stern,
wir begrüßen dich sehr gern.

St	st
…	…

2 Trage alle Wörter mit **St/st** aus Aufgabe 1 in eine Tabelle ein. Markiere **St/st**.

3 Suche weitere Wörter mit **St/st** am Wortanfang in der Wörterliste. Trage sie in die Tabelle aus Aufgabe 2 ein.

4 Die Kinder wollen mehr über ihre neue Mitschülerin Meiying erfahren. Schreibe zu den Antworten die passenden Fragen auf.

Chinesen haben keine Sternzeichen. Mein chinesisches Tierzeichen ist das Jahr des Hundes.

Meine Eltern wurden in Chinas Hauptstadt Peking geboren. Ich wurde auch dort geboren.

Meine Hobbys sind Steine sammeln und sticken.

Wir sind aus Peking hierher gezogen. Ich wohne jetzt in der Parkstraße 12.

5 Markiere **St/st** in den Fragen und Antworten aus Aufgabe 4.

→ AH S. 51   → AH F+I S. 39 **91**

Einen Brief schreiben

1 Lies den Brief.

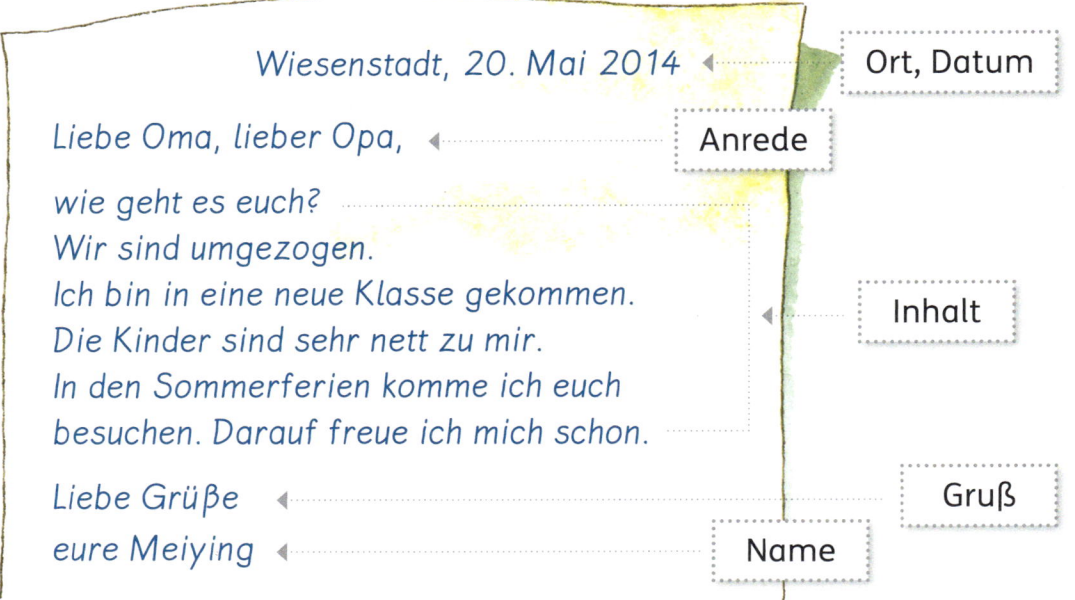

Wiesenstadt, 20. Mai 2014 ◄ .... Ort, Datum

Liebe Oma, lieber Opa, ◄ .... Anrede

wie geht es euch?
Wir sind umgezogen.
Ich bin in eine neue Klasse gekommen. ◄ .... Inhalt
Die Kinder sind sehr nett zu mir.
In den Sommerferien komme ich euch
besuchen. Darauf freue ich mich schon.

Liebe Grüße ◄ .... Gruß
eure Meiying ◄ .... Name

 **2** Wie ist Meiyings Brief aufgebaut? Erkläre.

 **3** Meiying hat einen Brief
an ihre Freundin Sofie
aus der alten Klasse
geschrieben.
Schreibe ihn in der
richtigen Reihenfolge auf.

Wer schreibt mir?

Viele Grüße
deine Meiying

wann kommst du mich besuchen?
Am Samstag habe ich Zeit.
Hast du Lust, schwimmen zu gehen?
Ich freue mich auf eine Antwort von dir.

Liebe Sofie,

Wiesenstadt, 25. Mai 2014

So schreibe ich einen **Brief**:

– Ort, Datum:	*Wiesenstadt, 25. Mai 2014*
– Anrede mit Komma:	*Liebe ..., Lieber ..., Hallo ...,*
– Inhalt:	nach der Anrede mit Komma schreibe ich klein weiter
– Gruß:	*Liebe Grüße / Viele Grüße*
– Name:	*dein ... / deine ...*

4 Schreibe einen Brief an deine Familie oder deine Freunde.

5 Wie wird ein Briefumschlag richtig beschriftet? Erklärt.

Absender

Meiying Wang
Parkstraße 12
67890 Wiesenstadt

Sofie Meier
Nelkenweg 24
12345 Blumendorf

Empfänger

Vorname und Name
Straße und Hausnummer
Postleitzahl und Ort

6 Beschrifte einen Briefumschlag. Gib oder schick deinen Brief ab.

→ AH S. 52/53 93

Sprachen vergleichen

1 In welchen Sprachen begrüßen sich die Kinder?
Ordne die Sprechblasen den Sprachen zu.
Schreibe so: *Guten Tag → deutsch, ...*

| deutsch | türkisch | japanisch | polnisch | chinesisch |

2 Welche Sprachen werden in deiner Klasse gesprochen?

3 Untersucht die Wörter in der Tabelle:
Welche Wörter klingen ähnlich wie im Deutschen? Welche anders?

Deutsch	Englisch	Türkisch	Französisch	...
guten Morgen	good morning	günaydın	bonjour	...
Kind	child	evlat	enfant	...
Schule	school	okul	école	...
Toilette	toilet	tuvalet	toilettes	...
...	...	...	...	...

4 Übertragt die Tabelle auf ein Plakat. Ergänzt die Tabelle
durch andere Wörter und Sprachen aus eurer Klasse.

94

Schriftzeichen vergleichen

1 Lies den Text.
Was bedeutet „Kalligrafie"? Sprecht darüber.

Meiying schaut ihrer Mutter beim Schreiben zu.
Sie taucht den Pinsel in die schwarze Tusche.
Dann malt sie das Schriftzeichen
auf feines weißes Papier. Die Kunst,
mit der Hand schön zu schreiben,
heißt „Kalligrafie".

2 Schau dir die chinesischen Schriftzeichen an.
Vergleiche mit unserer Schrift. Sprecht darüber.

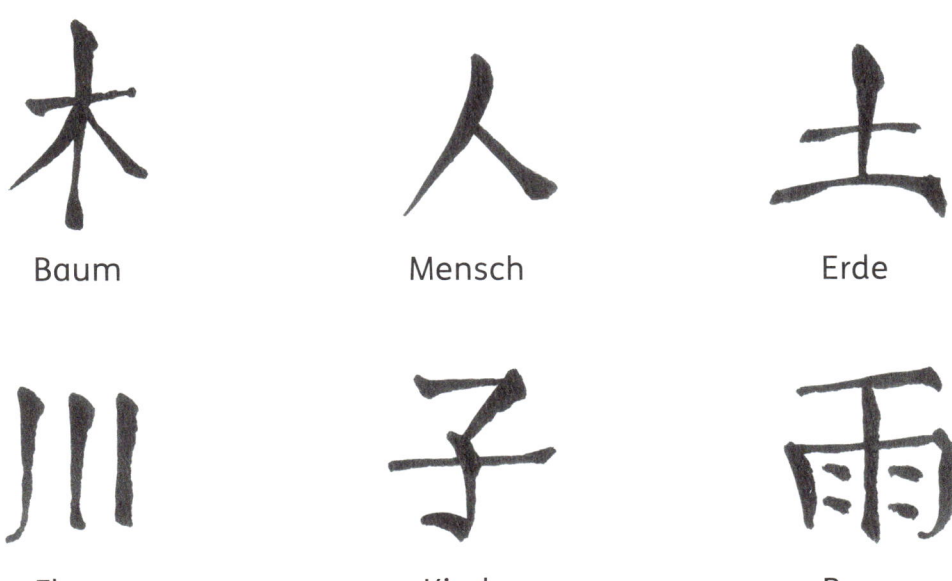

Baum · Mensch · Erde

Fluss · Kind · Regen

3 Zeichne die Schriftzeichen aus Aufgabe 2 besonders schön ab.

4 Denke dir eigene Schriftzeichen aus.
Zeichne sie besonders schön auf.
Erkläre deine Schriftzeichen deinem Partner.

95

Bastelanleitung 1

 Lies dir die Stichwörter durch und schau dir die Bilder dazu an. Bastle die chinesische Tischlaterne.

Du brauchst:
- ein farbiges, festes A4-Blatt,
- Lineal, Bleistift, Schere und Kleber.

1. Papier der Länge nach falten

2. an der offenen Seite in einem Abstand von 2 cm einen Rand einzeichnen

3. von der geschlossenen Seite aus im Abstand von 1,5 cm Papierstreifen bis zum Rand schneiden

4. Papier auseinanderfalten

5. Laterne formen, Enden oben und unten aufeinanderkleben

6. Teelicht in ein Glas setzen, Laterne darüberstellen

  Schreibe eine Bastelanleitung für die Tischlaterne in Sätzen:
1. *Zuerst falte ich das Papier der Länge nach.*
2. *Dann ...*

96 → AH S. 54

Bastelanleitung 2

 Lies dir die Stichwörter durch und schau dir die Bilder dazu an.
Bastle die chinesische Zauberblume.

Du brauchst:
- ein Blatt Papier,
- eine große Tasse,
- Bleistift, Schere, Buntstifte.

1. Kreis zeichnen

2. Kreis ausschneiden

3. falten und Blütenblätter aufmalen

4. abschneiden und auseinanderfalten

5. bemalen und zusammenfalten

6. ins Wasser setzen (Blüte geht auseinander)

 Schreibe eine Bastelanleitung für die Zauberblume in Sätzen.
Die Stichwörter aus Aufgabe 1 helfen dir dabei.

So schreibe ich eine **Bastelanleitung**:
- Ich schreibe auf, welche Bastelmaterialien benötigt werden.
- Ich erkläre Schritt für Schritt, was zu tun ist.
- Ich nummeriere die einzelnen Schritte durch.
- Ich kann zu meiner Anleitung eine Zeichnung machen.

→ AH S. 54 **97**

Üben 🍊

Strategie Ableiten: Wörter mit ä/a, äu/au ⚡

📝 **1** Finde jeweils die beiden verwandten Wörter.
Schreibe so: *älter – alt, ...*

älter | Bälle | Gäste | Zäune | Rätsel

Zaun | raten | Ball | alt | Gast

Endungen -en, -el und -er

📝 **2** Schreibe die Wörter nach **-en**, **-el** und **-er** geordnet auf.
Schreibe so: *-en*: *malen, ...*   *-el*: *Ampel, ...*   *-er*: *...*

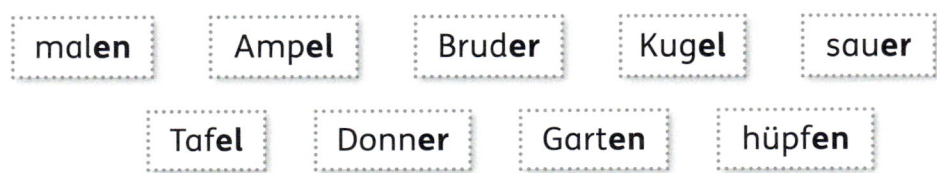

mal**en** | Amp**el** | Brud**er** | Kug**el** | sau**er**

Taf**el** | Donn**er** | Gart**en** | hüpf**en**

📝 **3** Markiere **-en**, **-el** und **-er** unterschiedlich.

Wörter mit Sp/sp und St/st

📝 **4** Schreibe die Wörter mit **Sp/sp** und **St/st** auf.

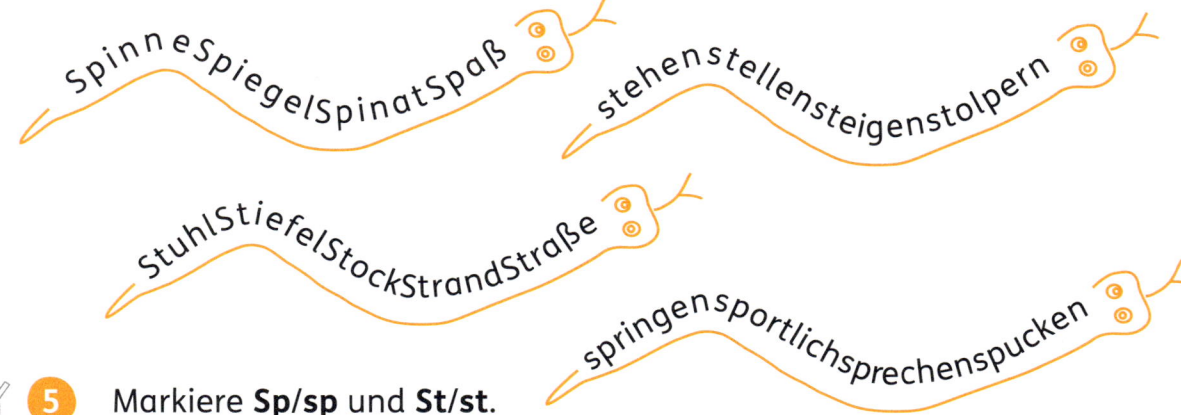

SpinneSpiegelSpinatSpaß

stehenstellensteigenstolpern

StuhlStiefelStockStrandStraße

springensportlichsprechenspucken

📝 **5** Markiere **Sp/sp** und **St/st**.

98

Üben

Strategie Ableiten: Wörter mit ä/a, äu/au ⚡

1. Finde verwandte Wörter mit **a** oder **au**. Markiere **ä/a** oder **äu/au**.
Schreibe so: *die Blätter – das Blatt, ...*

die Blätter   die Nächte   die Bänder   schläft

die Männer   die Länder   die Mäuse   läuft

Endungen -en, -el und -er

2. Bilde Wörter mit **-en**, **-el** und **-er**. Schreibe so: *schwimmen, ...*
Markiere die Endungen.

schwimm   Wurz   Hung

Rück   -en   Reg   -el   teu   -er

neb   Sess   Schwest

Wörter mit Sp/sp und St/st

3. Schreibe die Nomen mit Artikel ab. Setze **Sp** oder **St** ein.

der ⬤aten   der ⬤achel

die ⬤ritze   die ⬤ufe

der ⬤ielplatz   der ⬤empel

das ⬤ringseil   der ⬤orch

4. Markiere **Sp** und **St**.

99

Üben

Strategie Ableiten: Wörter mit ä/e, äu/eu ⚡

✍ **1** Schreibe den Text auf. Setze **ä/e** und **äu/eu** richtig ein.

Reimspaß

Der R■ber tr■gt die B■te.
Das G■spenst erschr■ckt die L■te.
Der Sp■cht fliegt über die Z■ne.
Der Zw■rg hat schöne Tr■me.

> Gibt es ein verwandtes Wort mit **a** oder **au**?

✍ **2** Markiere alle Wörter mit **ä/äu**.

Endungen -en, -el und -er

✍ **3** Schreibe den Text auf. Setze **-en**, **-el** und **-er** richtig ein.

Wir sind Pirat■!

Die Kind■ spiel■ im Gart■.
Der Sandkast■ ist das Schiff.
Ein alt■ Reif■ dient als Steu■.
Mamas Tüch■ sind die Seg■.
Auf welcher Ins■ entdeck■
die Kind■ einen Schatz?

Wörter mit Sp/sp und St/st

> der, die, das

✍ **4** Schreibe die Wörter auf.
Setze **Sp/sp** oder **St/st** richtig ein.

■atz   ■imme   ■itz   ■iegel

■reiten   ■rafe   ■ät   ■ift

100

Wörtertraining

die Hand der Baum die Stunde

schlafen fahren laufen wohnen reden

1 Schreibe die **Übungswörter** ab. → SB S. 21

2 Schreibe den Text ab. → SB S. 37

Ein schöner Tag

Emma und Mila fahren zum See.

Sie legen sich unter die großen Bäume

Später laufen sie zum Eisstand.

Die Stunden vergehen viel zu schnell.

Abends darf Emma bei Mila schlafen.

Im Bett reden die beiden über den schönen Tag.

3 Bilde mit den **Übungswörtern** Sätze. → SB S. 53

4 Suche aus den **Übungswörtern** die drei Nomen heraus. → SB S. 69
Schreibe sie in der Einzahl und in der Mehrzahl auf.

So übe ich Verben:

1. **Verben heraussuchen:**
   Ich suche alle Verben aus den **Übungswörtern** heraus.

2. **Grundform aufschreiben:**
   Ich schreibe die Grundform des Verbs auf.   *schlafen*

3. **Personalformen aufschreiben:**   *ich schlafe   wir schlafen*
   Ich schreibe die Verben in allen   *du schläfst   ihr schlaft*
   Personalformen auf.   *er/sie/es schläft   sie schlafen*

---

5 Suche aus den **Übungswörtern** die fünf Verben heraus.
Schreibe sie in allen Personalformen auf.

101

Unsere Erde, unser Zuhause

Kurz oder lang gesprochene Selbstlaute

1 Erzähle, was die Kinder tun. Gibt es bei euch auch einen Hofdienst?

2 Suche die Wörter auf dem Bild oben. Schreibe sie auf.
Markiere den ersten Selbstlaut: Dose, ...

Niko	Flasche	Becher	Tüte	Schale

Apfel	Tasche	Dose	Birne	Bank

Selbstlaute können kurz (Apfel) oder lang (Dose)
gesprochen werden.

3 Schreibe die Wörter auf. Markiere, ob der erste Selbstlaut kurz oder
lang gesprochen wird. Schreibe so: Hof – Holz, ...

Hof – Holz	Dose – Dorf	Ameise – Apfel
Tag – Tasche	Schule – Schulter	Hebel – Hecke
Tor – Torte	Schale – Schalter	Besen – Becher

4 Schreibe die Wörter auf.

5 Markiere, ob die Selbstlaute lang oder kurz gesprochen werden.
Umkreise die folgenden Mitlaute: Wo̩l̲k̲e, ...

> Auf einen kurz gesprochenen Selbstlaut folgen mindestens
> zwei Mitlaute: Wo̩l̲k̲e, Bi̩r̲n̲e, Fro̩s̲c̲h̲.

6 Finde die Reimpaare. Schreibe sie auf.

Wurm	Feld		Kopf	Mund
Hecke	Turm		Fest	Zopf
Geld	Decke		Hund	Nest

7 Markiere den kurz gesprochenen Selbstlaut.
Umkreise die folgenden Mitlaute: Wu̩r̲m̲ – Tu̩r̲m̲, ...

8 Schreibe die Wörter auf. Ergänze alle Reimwörter.

Kind	Hand	trinken	Stock	schmecken
W___	W___	s___	B___	str___
bl___	R___	h___	Bl___	r___
R___	S___	w___	R___	l___

9 Markiere die kurz gesprochenen Selbstlaute.
Umkreise die folgenden Mitlaute: Ha̩n̲d̲, ...

→ AH S. 57 103

Doppelter Mitlaut

 1 Wie könnt ihr weniger Müll erzeugen? Erzählt.

Wir wollen weniger Müll erzeugen!

Unsere Mülleimer sollen nicht mehr so voll sein!

Unsere Klasse kann etwas unternehmen!

Das wäre toll!

Wir müssen die anderen bitten mitzumachen.

2 Schreibe alle Wörter mit einem doppelten Mitlaut aus den Sprechblasen heraus.

3 Markiere den ersten Selbstlaut.
Umkreise den doppelten Mitlaut: *sollen, ...*

Höre ich nach einem kurz gesprochenen Selbstlaut nur einen Mitlaut, dann wird dieser verdoppelt: Mu**tt**er, Zi**mm**er, e**ss**en.

4 Schreibe die Verben auf. Setze den doppelten Mitlaut ein.

su ● ● en   wi ● ● en   bu ● ● eln

mü ● ● en   kö ● ● en   ro ● ● en

re ● ● en   e ● ● en   ko ● ● en

kna ● ● en   sa ● ● eln

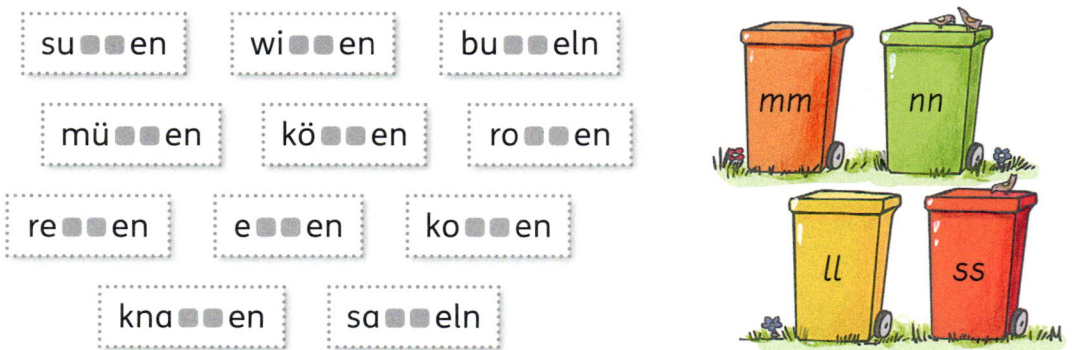

mm   nn

ll   ss

5 Markiere den kurz gesprochenen Selbstlaut.
Umkreise den doppelten Mitlaut: *summen, ...*

6 Schreibe das Plakat auf. Setze die fehlenden Wörter ein.

Müll	wollen	trennen	alle	Klasse

füllen	Essen	kommt	toll

Der ▭ muss weg!
Wir ▭ Müll vermeiden und Müll ▭ !
Helft ▭ mit! Jede ▭ ist dabei!
Getränke immer in Flaschen ▭ !
Nimm für dein ▭ eine Brotdose!
Trennt Müll: Papier ▭ in die Papiertonne!
Es ist ▭ , dass ihr mitmacht! Eure Klasse 2b

7 Markiere alle Wörter mit doppeltem Mitlaut.

8 Schreibe die unterschiedlichen Wortfamilien auf.

-wasser-	-ess-	-müll-

Mülleimer	Wasserfall	essbar

essen	Müllabfuhr	Wasserhahn

Wasserschlacht	Mittagessen	Biomüll

9 Markiere den kurz gesprochenen Selbstlaut.
Umkreise den doppelten Mitlaut: *-müll-: Mülleimer, ...*

105

Doppelter Mitlaut: Silbentrennung

1 Welche Tiere und Gegenstände haben die Kinder aus Müll gebastelt? Schreibe sie auf.

2 Markiere die Selbstlaute. Zeichne die Silbenbögen: *Spin ne, ...*

> Wörter mit doppeltem Mitlaut trenne ich zwischen den beiden Mitlauten: Spin-ne, Rol-ler.

3 Schreibe die Wörter getrennt auf. Schreibe so: *Füller: Fül-ler, ...*

Füller	Löffel	Butter	Tonne	Teller

4 Setze die Wörter zusammen. Schreibe sie auf.

Mut- — za   schwim- — fen

Wel- — ter   of- — sen

Klas- — len   don- — men

Piz- — se   mes- — nern

5 Zeichne die Silbenbögen: *Mut ter, ...*

Wörter mit tz

1 Lies die Sätze. Schreibe sie ab.

Niko hängt seine Mütze an den Haken.
Dann setzt er sich an seinen Platz.
Aber sein Tisch ist schmutzig.
Niko wirft den Abfall weg
und putzt seinen Tisch.

2 Markiere alle Wörter mit **tz**.
Wie klingt der Laut vor **tz**? Setze • oder — darunter.

3 Schreibe die Reimpaare auf.

Spatz   flitzen   Tatze
Sch▬   s▬   K▬

Pfütze   nutzen   Schutz
M▬   p▬   Schm▬

4 Markiere den kurz gesprochenen Selbstlaut. Umkreise **tz**: Spa(tz)– ...,

5 Sprich den Zungenbrecher so schnell wie möglich.

Katzen flitzen, Katzen kratzen,
Katzen putzen ihre Tatzen.

6 Schreibe den Zungenbrecher ab. Lerne ihn auswendig.

→ AH S. 60   → AH F+I S. 43–45

Wortfelder

1 Was hat Tims Familie vor? Erzählt.

Wenn wir unsere Umwelt schonen wollen, müssen wir weniger mit dem Auto fahren.

2 Lest den Text. Was fällt euch auf? Sprecht darüber.

Wir fahren weniger mit dem Auto

Mutter sagt: „Wollen wir mit dem Zug in den Urlaub fahren?"

Hanna sagt: „Toll, ich fahre gerne mit dem Zug!"

Vater sagt: „Mit den vielen Koffern in den Zug?"

Tim sagt: „Ich helfe euch beim Tragen."

3 Schreibe die Sätze aus Aufgabe 2 auf. Ersetze **sagt** durch diese Verben.

ruft   stöhnt   fragt   antwortet

Eine Geschichte wird interessanter, wenn sich die Wörter nicht wiederholen. Ich kann andere Wörter mit ähnlicher Bedeutung benutzen. Diese Wörter gehören zu einem **Wortfeld**:
Wortfeld **sagen**: flüstern, schreien, jammern, rufen, antworten …

4 Welche Wörter gehören zum Wortfeld **sagen**? Schreibe sie ab.

flüstern   hüpfen   rufen   schlürfen   erklären

5 Schreibe alle Wörter zum Wortfeld **gehen** ab.

laufen   springen   essen   schleichen

sausen   schmatzen   bummeln

rennen   mampfen   wandern

hüpfen   schlürfen   marschieren

laufen

gehen

6 Schreibe den Text auf. Setze für **gehen** passende Wörter aus deinem Wortfeld aus Aufgabe 5 ein.

Im Wald

Ich **gehe** oft mit Niko in unser Versteck.

Damit uns niemand entdeckt, **gehen** wir wie die Indianer.

Im Sommer **gehen** wir zum Bach.

Wir **gehen** von Stein zu Stein.

Wenn es dunkel wird, **gehen** wir schnell nach Hause.

7 Schreibe die Sätze auf.
Setze die passenden Wörter ein.

Anne und Nina ▬ auf dem See.

Niko ▬ mit dem Fahrrad.

Ein Rennwagen ▬ vorbei.

Ich ▬ mit den Inlinern.

Opa ▬ das Auto.

flitze

rast

lenkt

?

radelt

paddeln

8 Zu welchem Wortfeld gehören die eingesetzten Verben?
Schreibe es auf.

109

Geschichten schreiben

1 Schaut euch die Bilder an. Erzählt zu den Bildern.

2 Wähle passende Sätze für den Beginn deiner Geschichte. Schreibe sie ab.

> Er fährt mit der Achterbahn.

> Niko ist auf der Kirmes und kauft viele Luftballons.

> Niko kauft sich Zuckerwatte und gebrannte Mandeln.

> Plötzlich erfasst ein Windstoß Niko.
> Er schwebt mit den Ballons in die Luft.

3 Was geschieht in deiner Geschichte? Wähle aus.

fliegt weg
alles ganz klein
spannend
Angst

| ein Bauernhof liegt unter Niko | Vögel fliegen auf Niko zu | ein großer Baum steht direkt in der Flugbahn |

4 Schreibe deine Geschichte weiter.

  Suche für deine Geschichte einen passenden Schluss aus. Schreibe ihn ab.

Niko lässt über einem Bauernhof alle Luftballons los und fällt weich in einen Heuhaufen.

Ein Vogelschwarm setzt sich auf die Luftballons. So schwebt Niko langsam zurück zur Erde.

Niko fliegt in einen Baum und kann sich an einem Ast festhalten. Von dort klettert er auf den Boden.

  Wähle eine passende Überschrift für deine Geschichte. Schreibe sie ab.

Ferien am Meer   Niko fliegt davon

Abenteuer mit dem Luftballon   Ein neues Haustier

Ich beachte bei meiner **Geschichte** die richtige **Reihenfolge**:
– Wie beginnt die Geschichte?
– Was geschieht in der Geschichte?
– Wie geht die Geschichte aus?
– Welche Überschrift passt zu der Geschichte?

  Lies dir deine Geschichte noch einmal ganz durch. Hast du alles beachtet? Überarbeite, wenn nötig.

111

Geschichten überarbeiten

1 Lest die Geschichte vor. Was fällt euch auf?

> **Regenwetter**
> Heute ist ein sonniger Tag.
> Nina und Anne sind im Freibad.
> Dort tauchen sie viel
> und essen ein Eis.

2 Schreibe die Geschichte mit einer passenden Überschrift auf.

3 Lest die Geschichte vor. Vergleicht mit den Bildern.
Was fällt euch auf?

> Die mutige Merit klettert über den Zaun und holt den Ball.
> Merit und Sinan spielen im Garten Fußball.
> Die Kinder sind froh, dass sie ihren Ball wiederhaben.
> **Der weite Schuss**
> Plötzlich schießt Sinan über den Zaun.

4 Schreibe die Geschichte in der richtigen Reihenfolge auf.

5 Lest die Geschichte vor. Was fällt euch auf?

> **Im Flugzeug**
>
> Am Freitag sind wir zum Flughafen gefahren.
>
> **Dann** sind wir zu meiner Tante nach Paris geflogen.
>
> **Dann** sind wir mit dem Taxi gefahren.
>
> **Dann** haben wir ein paar tolle Tage erlebt.
>
> **Dann** sind wir wieder nach Hause geflogen.

Da

Danach

Dort

Am Ende

6 Schreibe die Geschichte auf. Setze passende Satzanfänge ein.

7 Lest die Geschichte vor. Was fällt euch auf?

> **Ali klettert hoch**
>
> Ali klettert auf den Apfelbaum.
>
> Seine Mutter **sagt**: „Ali, nicht so hoch!"
>
> Ali **sagt**: „Keine Angst, ich kann gut klettern."
>
> Mutter **sagt**: „Komm sofort herunter! Das ist zu gefährlich!"
>
> Ali **sagt**: „Na gut! Ich komme ja schon."

8 Schreibe die Geschichte mit anderen Wörtern für **sagt** auf.

murrt   ruft   antwortet   schreit

So überarbeite ich eine Geschichte:
- Passt die Überschrift zur Geschichte?
- Steht die Geschichte in der richtigen Reihenfolge?
- Beginnen die Sätze mit unterschiedlichen Wörtern?
- Werden unterschiedliche Verben benutzt?

113

Üben

Doppelter Mitlaut

1 Schreibe die Wörter nach **mm**, **ll**, **ss** geordnet auf.
Schreibe so: *mm: kommen, ...*
ll: Müll, ...
ss: ...

kommen	Müll	Klasse
summen	alle	wissen
wollen	Wasser	sammeln
toll	essen	bummeln

2 Zeichne die Silbenbögen. Schreibe so: *kom men, ...*

Wörter mit tz

3 Schreibe die Wörter auf.

putzen Mütze Platz Spatz Schmutz Katze Pfütze Tatze

4 Markiere **tz**.

Wortfelder

5 Welche Wörter gehören zum Wortfeld **sagen**?
Schreibe sie ab.

reden

sagen

| reden | flüstern | hüpfen | schreien |
| rufen | schleichen | antworten | fragen |

114

Üben

Doppelter Mitlaut

1 Schreibe die Reimwörter auf. Schreibe so: *Tonne – Sonne, ...*

Tonne	brummen		wollen	Butter
Klasse	Sonne		Mutter	alle
summen	Tasse		Falle	sollen

2 Markiere den kurz gesprochenen Selbstlaut.
Umkreise den doppelten Mitlaut: *To̱(nn)e – So̱(nn)e, ...*

Wörter mit tz

Bin ich auch ein Haustier?

3 Schreibe die Sätze auf. Setze die richtigen Wörter ein.

Timo und Sinan springen in eine ▭.
Noriko hat als Haustier eine ▭.
Marek wünscht sich eine neue ▭.
Anne bekommt beim Arzt eine ▭.

4 Kontrolliere die eingesetzten Wörter mit der Wörterliste.
Markiere **tz**.

Wortfelder

5 Welche Wörter gehören zum Wortfeld **gehen**,
welche zum Wortfeld **sagen**? Schreibe sie so auf:
gehen: wandern, ...   sagen: flüstern, ...

| wandern | flüstern | meinen | laufen | rufen |
| marschieren | schleichen | rennen | antworten | |

115

Üben

Doppelter Mitlaut

1 Schreibe die Wörter nach dem Alphabet geordnet auf.

Klasse	Tonne	essen	Müll

trennen	immer	sollen	wollen

2 Markiere den kurz gesprochenen Selbstlaut.
Umkreise den doppelten Mitlaut: Kla(ss)e, ...

3 Schreibe Sätze mit den Wörtern. In jedem Satz sollen zwei Wörter von Aufgabe 1 vorkommen.

Wörter mit tz

4 Schreibe die Reimwörter untereinander auf.

> Findest du weitere Reimwörter?

Witz	Katze	Ritze	setzen
S ▭	T ▭	Sp ▭	p ▭
sp ▭	Gl ▭	H ▭	h ▭

5 Markiere **tz**.

Wortfelder

6 Schreibe den Text auf. Setze für **sagen** andere Verben ein.

Unsere Erde, unser Planet

Ole sagt: „Viele nennen unsere Erde auch ‚Blauer Planet'."

Emma sagt: „Warum denn das?"

Ole sagt: „Schau mal, wie die Erde vom Weltall aus aussieht:
Sie hat viele blaue Stellen. Das sind die Meere."

Emma sagt: „Das sieht ja toll aus! Jetzt habe ich es verstanden."

116

Wörtertraining

die Mutter der Kopf das Kind

müssen sitzen können – kann alle still

1 Schreibe die **Übungswörter** ab. → SB S. 21

2 Schreibe den Text ab. → SB S. 37

Der Unfall
Es klingelt.
Alle Kinder rennen auf den Schulhof.
Ole stößt mit einem anderen Kind zusammen.
Jetzt hat er eine dicke Beule am Kopf.
Ole sitzt still da, bis seine Mutter kommt.
Sie kann ihn trösten.
Zu Hause müssen sie
die Beule kühlen.

3 Bilde mit den **Übungswörtern** Sätze. → SB S. 53

4 Suche aus den **Übungswörtern**
die drei Nomen heraus. → SB S. 69
Schreibe sie in der Einzahl und in der Mehrzahl auf.

5 Suche aus den **Übungswörtern**
das Adjektiv heraus. → SB S. 85
Bilde mit ihm eine Wortgruppe.

6 Suche aus den **Übungswörtern**
die drei Verben heraus. → SB S. 101
Schreibe sie in allen Personalformen auf.

117

Bücherwurm und Computermaus

Verben mit Vorsilben

1 Erzählt zu den Bildern. Verwendet das richtige Verb.

Der Prinz ...

mitlesen

nachlesen

vorlesen

2 Lies die Sätze einem Partner vor.
Wodurch unterscheiden sich die markierten Verben?

Mila will ein Märchen vorlesen.

Niko möchte in meinem Buch mitlesen.

Wir können von der Tafel ablesen.

Jetzt habe ich mich verlesen.

Durch **Vorsilben** ändert sich die Bedeutung von Verben:
lesen: **vor**lesen, **ver**lesen, **mit**lesen, **nach**lesen.

3 Schreibe die markierten Verben aus Aufgabe 2 ab.
Markiere die Vorsilben.

4 Schreibe die Sätze auf. Setze die Verben richtig ein.

abschreiben   verschreiben   schreiben   vorschreiben

Ali will einen Satz von der Tafel ▬. Er soll sich dabei nicht ▬.

Mila will eine Geschichte ▬. Sie möchte sie erst auf einem Zettel ▬.

5 Schreibe den Text auf. Setze die richtigen Verben ein.

Heute will Emma alleine in die Bücherei ▬ (gehen/mitgehen).

Sie will sich viele Bücher ▬ (schauen/anschauen).

Drei Bücher darf sie sich ▬ (leihen/ausleihen).

Am Abend wird Emma ihrer Mama etwas ▬ (lesen/vorlesen).

6 Markiere die Vorsilben.

7 Lies die Sätze. Schreibe die Verben mit den Vorsilben aus dem Text untereinander auf.

Emma will ihrer Mutter etwas vorlesen.

Mama möchte sich hinsetzen.

So kann sie Emma besser zuhören.

Emma hat sich nur einmal verlesen.

8 Wie sind die Verben aus Aufgabe 7 zusammengesetzt? Schreibe so: *vorlesen: vor + lesen, ...*

9 Setze Vorsilben und Verben zusammen. Schreibe die Verben auf.

vor- · an- · aus- · nach- · auf-

kommen · geben · machen

Ich möchte ausschlafen.

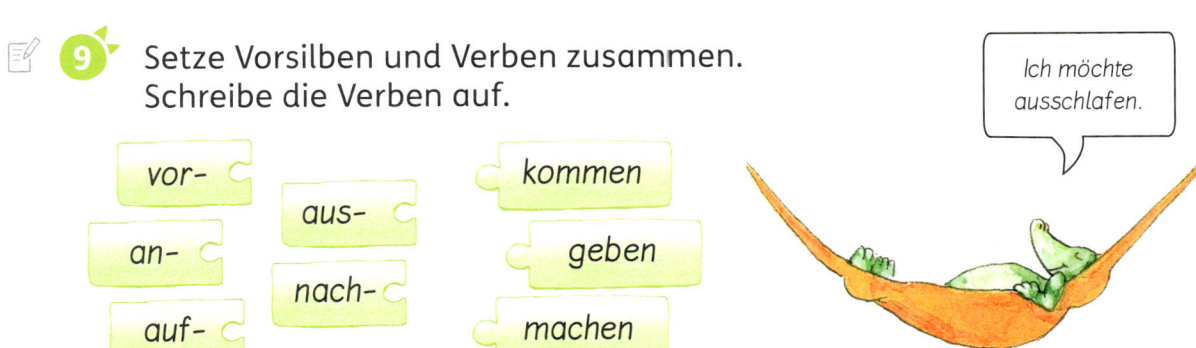

10 Schreibe mit fünf Verben aus Aufgabe 9 je einen Satz.

119

Bb/Pp, Dd/Tt, Gg/Kk am Wortanfang

1 Welche Bücher gibt es hier? Lies die Buchtitel.

2 Schreibe die Buchtitel nach diesen Anfangsbuchstaben geordnet auf.
Schreibe so:

B: Bienen, ...　　　D: ....　　　G: ...
P: ...　　　　　　　T: ...　　　K: ...

3 Schreibe die Wörter auf.
Setze **b** oder **p** richtig ein.

> *Bei Wörtern mit **P/p** spürst du die Luft an deiner Hand.*

▢ arken　　▢ ald　　▢ utzen　　▢ lötzlich

▢ raun　　▢ unt　　▢ latzen　　▢ öse

4 Lest die Abzählreime deutlich vor. Lest so schnell wie möglich.

Turm toll tanzen Tier　　　　　Kleid Kopf Kino Kuh
Tasche Tafel, du bleibst hier.　　Kuchen Koffer, raus bist du.

Dienstag drücken Dorf dazu
Dieb dort denken, raus bist du.

5 Erfindet selbst solche Abzählreime.

Strategie: Merkwörter mit Qu/qu Ⓜ

1 Lies den Text.

Frau Simon hat ein Quizbuch aus der Bücherei mitgebracht.
Sie macht mit den Kindern ein Quiz. Aber Nina quatscht
mit Anne. „Hört auf mit der Quasselei, ihr Quasseltanten!",
ruft Frau Simon. Alle lachen. Die Lehrerin fragt:
„Wie heißt das Kartenspiel, bei dem man
immer vier Karten sammeln muss?"
Marek rät: „Schwarzer Peter?" Sinan ruft:
„Nein, das ist Quatsch! Es heißt Quartett."

2 Schreibe alle Wörter mit **Qu/qu** aus dem
Text heraus. Markiere **Qu/qu**.

3 Schreibe Quizfragen zu diesen Wörtern auf. Lass deinen Partner raten:
Was ist weiß und schmeckt sauer? Das ist Quark.

| Quark | Kaulquappe | Aquarium | Qualle | Quadrat |

4 Schreibe die Wörter aus der Wörterschlange auf. Markiere **qu**.

quiekenquerquetschenquakenquietschenbequem

5 Schreibe mit vier Wörtern aus Aufgabe 4 je einen Satz.

→ AH S. 68   → AH F+I S. 51 **121**

Sich in einer Bibliothek informieren

1 Lies den Text. Was erfährst du über die Bibliothek?

Heute geht Emma in die Bibliothek.
Frau Schneider ist die Bibliothekarin und zeigt ihr alles.
In der Bibliothek gibt es viele Bücher, Zeitschriften, CDs und DVDs.
In den verschiedenen Regalen gibt es Bücher zu allen
möglichen Themen. Sie sind nach dem Alphabet geordnet.

2 Was kann man alles in einer Bibliothek ausleihen?
Schreibe die Antwort aus dem Text oben ab.

3 Schaut das Bild oben genau an.
Wonach sind die Bücher und Medien geordnet?

4 Bringt eure Lieblingsbücher, Lieblingshörbücher oder
Lieblings-DVDs mit. Wie könnt ihr diese Medien ordnen?

122

Klappentexte

1 Lies den Text.

Emma kann sich nicht entscheiden, welches Buch sie ausleihen soll. Frau Schneider erklärt ihr: „Auf der Rückseite des Buches findest du den Klappentext. Da steht kurz, worum es in dem Buch geht. So kannst du dich besser entscheiden, ob dich das Buch interessiert oder nicht."

2 Erklärt den Begriff **Klappentext** mit eigenen Worten.

3 Lies die Klappentexte. Welches Buch ist gemeint?

Bei der Polizei muss es oft schnell gehen. Dabei sind viele Fahrzeuge im Einsatz: Autos, Motorräder, Boote. Hier erfährst du alles über sie.

Viele Mädchen lieben Pferde und Ponys. Hier lernst du alles, was du wissen musst über Pferderassen, Futter, Pflege, Gangarten und Reitzubehör.

Beim SV Waldhof ist der Meisterschaftspokal verschwunden. Jetzt muss Kalle aktiv werden.

Paula wünscht sich einen Hund. Als sie den dicken Dackel Rolfi zum ersten Mal sieht, ist sie jedoch gar nicht begeistert ...

4 Welches dieser Bücher würdest du dir aussuchen? Begründe.

5 Bringt Bücher mit und sprecht über deren Klappentexte.

→ AH S. 69 123

Buchvorstellung

1 Emma will ihr Lieblingsbuch vorstellen.
Ordne Emmas Antworten den entsprechenden Satzanfängen zu.

... Christine Nöstlinger.

... 17.

... Quatschgeschichten vom Franz.

... einem Jungen namens Franz und seinen Abenteuern.

... es lustig ist und viele Bilder enthält.

Mein Lieblingsbuch heißt ...

Die Autorin heißt ...

Es handelt von ...

Meine Lieblingsstelle ist auf Seite ...

Mir gefällt das Buch, weil ...

2 Schreibe selbst eine Buchvorstellung.
Du kannst dir am Computer oder im Heft Notizen machen.

So bereite ich eine **Buchvorstellung** vor:
– Ich wähle ein Buch aus und lese es genau.
– Ich nenne den Titel und den Autor.
– Ich erzähle kurz, worum es in meinem Buch geht.
  Ich verrate das Ende nicht!
– Ich wähle eine lustige oder spannende Stelle zum Vorlesen aus.
– Ich sage in einem Satz, warum mir das Buch gefällt.

3 Emma übt ihre Buchvorstellung zu Hause.
Vor wem würdest du deine Buchvorstellung üben? Begründe.

vor dem Spiegel   vor den Eltern   vor Freunden

So **stelle** ich mein **Buch vor**:
– Ich zeige mein Buch der Klasse.
– Ich schaue die Zuhörer an.
– Ich spreche langsam, laut und deutlich.
– Ich lese eine Stelle aus dem Buch flüssig vor.
– Ich beantworte die Fragen meiner Mitschüler.

4 Welche Fehler machen die Kinder? Sprecht darüber.

Was hat sie gesagt?

5 Stelle deiner Klasse dein Lieblingsbuch vor.

6 Stellt eure Bücher aus.

125

Bücherrätsel

1 Lest die Rätsel. Welche Beschreibung passt zu welchem Buch?

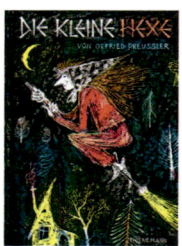   

a) Ich bin 127 Jahre jung und wohne mit meinem Raben Abraxas in einem kleinen Haus tief im Wald. Meinen Besen benutze ich nicht zum Kehren.

b) In mir findest du viele Rezepte für leckere Suppen und Nudelgerichte.

c) Wenn du mit mir arbeitest, lernst du rechnen.

d) Viele Lieder kannst du in mir finden. Auch die Noten stehen dabei.

e) Ich bin ein Bär und wohne bei meinem Freund Christopher Robin. Zusammen erleben wir viele Abenteuer.

f) Ich gebe dir viele Ideen und Anleitungen zum Basteln mit Papier.

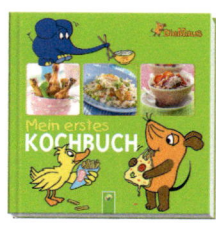 

In meinem Buch gibt es viele Prinzen, Prinzessinnen und Hexen.

 **2** Schreibe die Titel zu den Beschreibungen auf. Schreibe so: a) *Die kleine Hexe*, b) ... ,

 **3** Schreibe selbst ein Buchrätsel.

126

Arbeiten am Computer

  1 Welche Teile des Computers kennt ihr? Sprecht darüber.

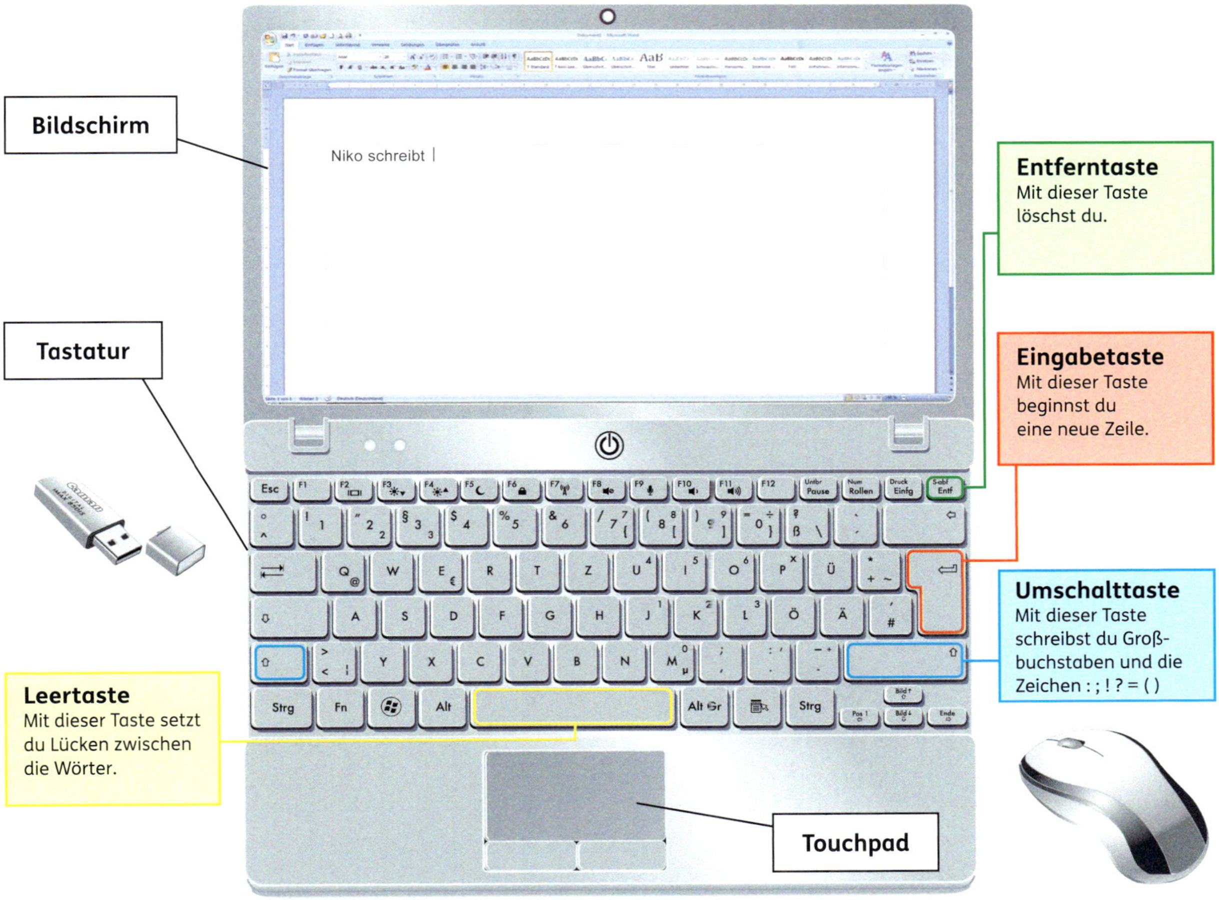

Bildschirm

Niko schreibt |

Tastatur

Leertaste
Mit dieser Taste setzt du Lücken zwischen die Wörter.

Entferntaste
Mit dieser Taste löschst du.

Eingabetaste
Mit dieser Taste beginnst du eine neue Zeile.

Umschalttaste
Mit dieser Taste schreibst du Groß-buchstaben und die Zeichen : ; ! ? = ( )

Touchpad

2 Bearbeite folgende Aufgaben am Computer:
- Starte das Schreibprogramm.
- Wähle die Schriftgröße 14.
- Schreibe: *Niko schreibt etwas am Computer.*
- Speichere den Satz ab.

3 Finde heraus, wie du die Schriftart ändern und Buchstaben farbig oder fett schreiben kannst.

4 Schreibe deinen eigenen Namen in verschiedenen Schriftarten und in verschiedenen Farben.

127

Geschichten schreiben

 1 Wähle ein Bild aus und erzähle deinem Partner dazu.

Bilderbücher   Märchen   Tierbücher

BÜCHEREI

Anna und Paul, in der Bücherei eingeschlossen, Angst, Telefon

*Tom, am Abend im Zauberbuch gelesen, aufwachen,
Zauberer aus dem Buch gekommen*

 2 Wie könnte die Geschichte weitergehen?
Sammle Ideen auf einem Stichwortzettel.

3 Schreibe deine Geschichte auf. Finde eine passende Überschrift.

4 Schreibt die Texte am Computer ab. Malt Bilder dazu.
Legt ein Geschichtenbuch für eure Klasse an.

Geschichten überarbeiten

  1 So hat Sinan seine Geschichte geschrieben.
Was fällt euch auf?

Im Schwimmbad

Anna und Paul gehen in die Bücherei.

Sie lesen den ganzen Tag bis zum Abend.

Und dann ist niemand mehr da.

Und dann geht das Licht aus.

Und dann hat Anna Angst.

Und dann laufen Anna und Paul zur Tür.

Paul sagt: „Sie ist verschlossen!"

Anna sagt: „Was machen wir jetzt?"

Paul sagt: „Wir rufen Mama und Papa an!"

Und dann befreien die Eltern die Kinder aus der Bücherei.

So **überarbeite** ich eine **Geschichte**:
- Passt die Überschrift zur Geschichte?
- Haben alle Personen in der Geschichte einen Namen?
- Beginnen die Sätze mit unterschiedlichen Wörtern?
- Werden unterschiedliche Verben benutzt?

 **2** Wie könnte Sinan seine Geschichte verbessern? Sprecht darüber.

  3 Überarbeite nun Sinans Geschichte.

129

Üben

Verben mit Vorsilben

1 In der Wörterschlange stehen Verben mit der Vorsilbe **nach-**.
Schreibe die Wörter auf.

nachmachennachdenkennachgebennachkommennachlesen

2 Markiere die Vorsilben:
*nach*machen, ...

Es sind fünf Verben.

B/b oder P/p – D/d oder T/t – G/g oder K/k?

3 Schreibe die Wörter geordnet auf. Schreibe so:
B/b: Buch, ...   D/d: ...   G/g: ...
P/p: ...   T/t: ...   K/k: ...

| Tag | Buch | Drachen | putzen | Glas | tanzen |

| drehen | bald | Klee | glatt | kalt | Po |

Wörter mit Qu/qu

4 Schreibe die Sätze auf. Setze die Wörter dabei richtig ein.

Frösche ▬ im Teich.

▬ schwimmen im Meer.

Das Sofa ist ▬.

Aus dem Schornstein kommt ▬.

Qualm

Quallen

bequem

quaken

5 Markiere **Qu/qu**.

130

Üben

Verben mit Vorsilben

1 Bilde Verben mit den Vorsilben. Schreibe sie auf.

schreiben

geben

ab-   machen   mit-   kommen

stellen

gehen

2 Markiere die Vorsilben: **ab**schreiben, ...

B oder P – D oder T – G oder K?

3 Schreibe die Wörter auf. Setze **G** oder **K** richtig ein.

▪lück   ▪eburtstag   ▪anne   ▪eschenk
▪och   ▪roßmutter   ▪arte   ▪uh

> Bei Wörtern mit K und T spürst du die Luft an deiner Hand.

4 Schreibe die Wörter auf. Setze **D** oder **T** richtig ein.

▪asse   ▪eddy   ▪uft   ▪ing   ▪eller   ▪ach   ▪or

5 Schreibe fünf Wörter mit **B** und fünf Wörter mit **P** aus der Wörterliste ab.

Wörter mit Qu/qu

6 Schreibe die Wörter nach dem Alphabet geordnet auf.

Quadrat   Kaulquappe   bequem   Aquarium

Üben

Verben mit Vorsilben

1 Schreibe den Text richtig auf.
Setze die fehlenden Vorsilben ein.

Hugo soll einen Text von der Tafel ▬ schreiben.
Frau Simon hat sich lustige Sätze ▬ gedacht.
Hugo hat ein Wort ▬ sehen.
Jetzt muss er einen ganzen Satz ▬ radieren.
Am Schluss soll er die Wörter in der Wörterliste ▬ schlagen.

D/d oder T/t – G/g oder K/k?

2 Schreibe den Text ab.

Am Dienstag tanzt die Tänzerin Tina auf dem Dach.
Sie hält drei toll duftende Tulpen in der Hand.
Dann denkt sie an ihre Tante Trixi.
Trixi hat heute Geburtstag!
Tina ruft ein Taxi und trinkt mit Trixi Tee.
Die drei Tulpen sind ihr Geschenk.
Tante Trixi hat knusprige Kekse gebacken.
Tina kann nicht genug davon kriegen.

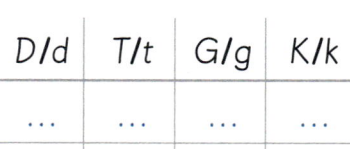

3 Markiere alle Wörter mit **D/d**, **T/t**, **G/g**, **K/k**.

D/d	T/t	G/g	K/k
...	...	...	...

4 Ordne die Wörter in eine Tabelle ein.

5 Ergänze je vier weitere Wörter in der Tabelle.

Wörter mit Qu/qu

6 Schreibe zehn Wörter mit **Qu/qu** auf. Kontrolliere mit dem Wörterbuch.

132

Wörtertraining

das Buch   der Computer   das Quadrat

quaken   wollen – will   lesen – liest   neu   schön

1 Schreibe die **Übungswörter** ab. → SB S.21

2 Schreibe den Text ab. → SB S.37

Das Froschprojekt

Heute arbeiten die Kinder am Froschprojekt.
Ali liest ein neues Buch über Frösche.
Lotte sitzt am Computer.
Sie will im Internet schöne Froschbilder finden.
Timo hat Kopfhörer auf. Er hört Frösche quaken.
Mila faltet aus einem Quadrat einen Papierfrosch.

3 Bilde mit den **Übungswörtern** Sätze. → SB S.53

4 Suche aus den **Übungswörtern**
die drei Nomen heraus. → SB S.69
Schreibe sie in der Einzahl und in der Mehrzahl auf.

5 Suche aus den **Übungswörtern**
die zwei Adjektive heraus. → SB S.85
Bilde mit ihnen Wortgruppen.

6 Suche aus den **Übungswörtern**
die drei Verben heraus. → SB S.101
Schreibe sie in allen Personalformen auf.

133

Durch das Jahr

Der Jahreskreis

1 Was entdeckt ihr im Jahreskreis? Erzählt.

2 Welche Jahreszeit magst du am liebsten? Welche nicht? Begründe.

3 Schreibe die Monate in der richtigen Reihenfolge auf: *Januar, …*

November	Februar	Oktober	Januar	März	Juli
Dezember	Juni	September	Mai	April	August

4 Ordne die Ereignisse den Jahreszeiten zu: *Frühling: Ostern, …*

Frühling Sommer Herbst Winter

Halloween Sommerferien Ostern Silvester Erntedankfest

Herbst

1 Was gefällt dir am Herbst? Erzähle zum Bild.

2 Male ein Herbstbild.

3 Schreibe nur die Sätze ab, die zum Herbst passen.

Die Äpfel fallen von den Bäumen.
Die Kinder bleiben den ganzen Tag im Schwimmbad.
Niko lässt seinen Drachen steigen.
Die Zugvögel fliegen in den Süden.
Die ersten Blumen blühen.
Noriko hebt Kastanien vom Boden auf.

4 Wähle ein passendes
Nomen zum Herbst.
Schreibe die Buchstaben
des Wortes untereinander.
Suche zu jedem
Anfangsbuchstaben
ein Herbstwort.
Du erhältst ein Akrostichon.

H – Herbstblätter
E – Erntedankfest
R
B
S
T

→ AH S. 75 135

Im Advent

1 Schau dir die Bilder an. Bringe die Sätze in die richtige Reihenfolge.

Rezept für Marzipankartoffeln

Liste mit Zutaten:

100g gemahlene Mandeln,

100g Puderzucker,

20ml Rosenwasser,

Kakaopulver

Nun forme ich aus der Marzipanmasse kleine Kugeln.

Ich verknete die gemahlenen Mandeln mit Puderzucker.

Zum Schluss rolle ich die Marzipankartoffeln in Kakaopulver.

Ich füge während des Knetens immer wieder etwas Rosenwasser dazu.

2 Schreibe das Rezept auf ein Schmuckblatt.

3 Schaut euch die Bilder genau an. Erzählt.

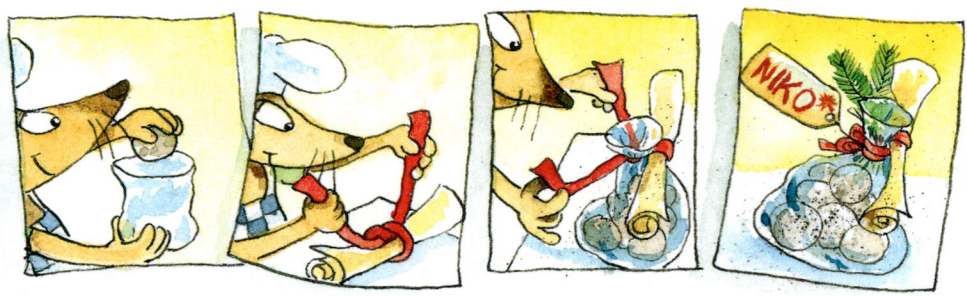

4 Bastle nun dein Weihnachtsgeschenk wie auf den Bildern.

136

Weihnachtswörter

1 Bilde aus den Wörtern zusammengesetzte Nomen. Schreibe so: *Christkind, …*

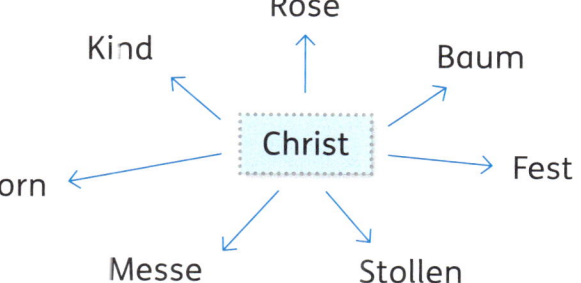

Christ → Rose, Kind, Baum, Fest, Dorn, Messe, Stollen

2 Kennt ihr alle Wörter? Informiert euch im Lexikon oder im Internet.

3 Bilde aus den Wörtern zusammengesetzte Nomen. Schreibe so: *Weihnachtsgeschenk, …*

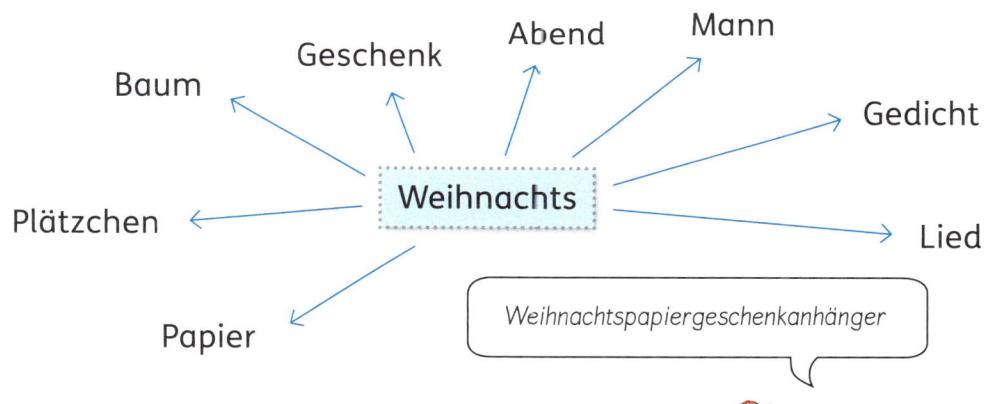

Weihnachts → Baum, Geschenk, Abend, Mann, Gedicht, Plätzchen, Lied, Papier

Weihnachtspapiergeschenkanhänger

4 Bilde Weihnachtswörterschlangen. Wer findet das längste Wort?

5 Schreibe die Wörter richtig auf.

Feihnachtswest	Teihnachtsweller	Keihnachtswarte
Meihnachtswarkt	Beihnachtswäckerei	Feihnachtswerien

6 Denke dir auch solche Wörter aus. Lass deinen Partner raten.

137

Winter

1 Was gefällt dir am Winter? Erzähle zum Bild.

2 Lies das Elfchen.

Winter
Schlitten fahren
Wir bauen Schneemänner
Der Winter ist schön
Kalt

Wie viele Wörter hat ein Elfchen?

1 Wort
2 Wörter
3 Wörter
4 Wörter
1 Wort

3 Warum heißt dieses Gedicht Elfchen? Erklärt.

4 Schreibe aus diesen Wörtern ein Elfchen.

Schneeflocken fallen

Kalt

Der See ist zugefroren

Winter

Wir werfen Schneebälle

5 Sammle Wörter zum Winter.
Dichte dein eigenes Winterelfchen.

Fasching, Fastnacht, Karneval

1 Als was haben sich die Kinder verkleidet? Beschreibe.
Schreibe so: *Noriko trägt ein rosa Kleid, eine goldene
Krone und weiße Schuhe. Sie ist eine Prinzessin.*

2 Male dich in deinem
Faschingskostüm.

*Ich trage ein rosa
Röckchen und tanze.
Was bin ich?*

3 Beschreibe, wie du auf deinem Bild aussiehst.
Die Kinder aus deiner Klasse sollen deine Verkleidung erraten.

4 Sammelt Spiele, die ihr bei eurer Faschingsfeier spielen wollt.

*Ich mag
Blinde Kuh.*

*Ich möchte
Reise nach Jerusalem
spielen.*

139

Frühling

 1 Erzähle zum Bild. Woran erkennst du, dass es den Frühling zeigt?

2 Schreibe Wörter auf, die zum Frühling passen.

3 Wähle ein Frühlingswort aus.
Schreibe die Buchstaben des Wortes untereinander.
Finde zu jedem Anfangsbuchstaben ein Frühlingswort.

K – Kohlmeise
R – Raps
O – Ostern
K – Käfer
U – Uhu
S – Schmetterling

Frühling
Blumen blühen
Sie duften herrlich
Ich pflücke einen Strauß
Bunt

4 Schreibe ein Elfchen zum Frühling.

Ostern

1 Bastle eine Eier-Girlande.

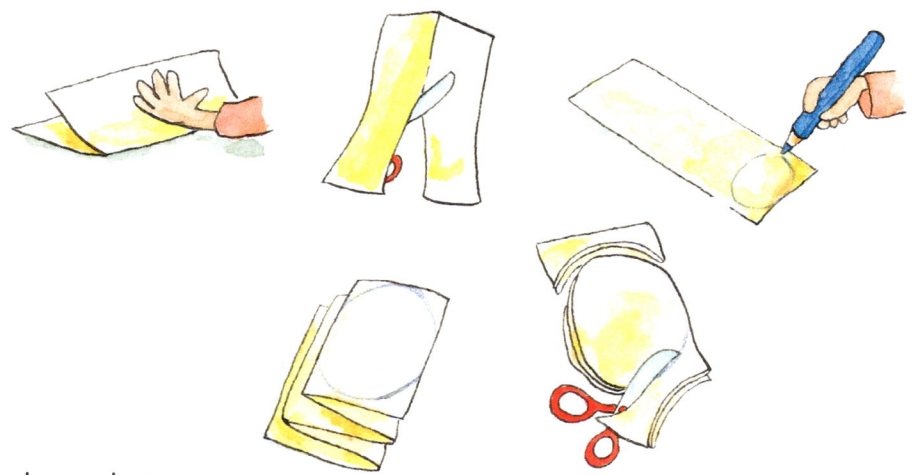

Du brauchst:

- ein A4-Blatt,
- eine Schere,
- verschiedene Stifte.

Eine Eier-Girlande basteln:

1. ein A4-Blatt der Länge nach falten und durchschneiden,
2. auf die Vorderseite ein großes Ei malen,
3. Papierstreifen wie eine Ziehharmonika falten,
4. Ei oben und unten ausschneiden, an den Seiten nicht schneiden,
5. Girlande auseinanderfalten.

2 Gestalte deine Eier-Girlande.

Ein frohes Osterfest für dich.

Im grünen Gras sitzt ein kleiner Osterhas.

Osterhas, hoppel schnell durchs grüne Gras.

Ich wünsch dir zum Osterfest ein prall gefülltes Osternest.

In allen Ecken, in allen Hecken sollen Eier stecken.

141

Sommer

1 Schreibe nur die Wörter ab, die zum Sommer passen.

Badehose	Schlittschuhe	Schwimmbad	Sommerurlaub

Osternest	Strandkorb	Herbstblätter	Sandspielzeug

2 Suche eigene Sommerwörter.
Bilde mit ihnen Sommerwörterschlangen: *Strandlesebuchumschlag, ...*

3 Lies die Anfänge der drei Geschichten.

In den Sommerferien hatte ich ein tolles Erlebnis.
An einem sonnigen Tag lief ich mit meinen Freunden durch den Wald. Plötzlich ...

In den Sommerferien war ich fast jeden Tag im Schwimmbad.
Am letzten Tag wollte ich vom Fünfmeterbrett springen. Da ...

In den Sommerferien war ich mit meiner Familie zelten. Nachts hörte ich ein Geräusch. ...

Wie könnten die Geschichten weitergehen?

4 Suche dir einen Anfang aus. Schreibe die Geschichte weiter.
Finde eine passende Überschrift zu deiner Geschichte.

142

Schuljahresende

1 Was hat dir in der 2. Klasse gefallen, was nicht?
Lege eine Smiley-Tabelle an.

die Sportstunde | Hausaufgaben für Mathe

2 Vergleicht eure Tabellen.

3 Was hast du dir für die
2. Klasse gewünscht?
Sind deine Wünsche
in Erfüllung gegangen?
Sprecht darüber.

Schau mal auf Seite 6 nach.

4 Was wünschst du dir für die 3. Klasse?
Schreibe deine Wünsche auf einen Zettel.

5 Hängt eure Wünsche im Klassenzimmer auf. Vergleicht.

Ich wünsche mir mehr Musik. Lotte

Ich wünsche mir weniger Hausaufgaben. Ali

Ich wünsche mir viele Ausflüge. Niko

Fachbegriffe

Selbstlaute und Mitlaute → SB S. 28

A/a, **E/e**, **I/i**, **O/o**, **U/u** sind Selbstlaute. Alle anderen Laute im Alphabet heißen Mitlaute.

Silben → SB S. 29, 39

Wörter bestehen aus Silben. In jeder Silbe steht mindestens ein Selbstlaut (**a**, **e**, **i**, **o**, **u**), ein Umlaut (**ä**, **ö**, **ü**) oder ein Zwielaut (**au**, **ei**, **eu**): Kä se, Schnitt lauch, Eis.

Nomen → SB S. 8

Alle Menschen, Tiere, Pflanzen und Dinge haben einen Namen. Diese Wörter heißen Nomen (Namenwörter). Nomen schreibe ich immer groß: **E**mma, **P**ferd, **B**lume, **B**all.

Artikel → SB S. 10/11

Nomen haben Artikel (Begleiter). Die bestimmten Artikel sind **der**, **die**, **das**. Die unbestimmten Artikel sind **ein**, **eine**: der Tisch – ein Tisch, die Maus – eine Maus, das Buch – ein Buch.

Einzahl und Mehrzahl → SB S. 38

Nomen können in der Einzahl (Singular) oder in der Mehrzahl (Plural) stehen. Viele Nomen verändern sich in der Mehrzahl: der Stift – viele Stift**e**, der Stift – die Stift**e**.

Zusammengesetzte Nomen → SB S. 70/71

Nomen, die aus mehreren Wörtern zusammengesetzt werden, heißen zusammengesetzte Nomen. Das zusammengesetzte Nomen bekommt immer den Artikel des letzten Nomens: der Vogel + **das N**est → **das** Vogel**n**est.

144

Nomen mit -chen und -lein → SB S. 72

Nomen können mit -chen und -lein verkleinert werden.
Der bestimmte Artikel ist immer **das**:
die Maus – **das** Mäus**chen**, der Mann – **das** Männ**lein**.

Verben → SB S. 22

Wörter, die sagen, was Menschen, Tiere, Pflanzen oder Dinge
tun, heißen Verben (Tunwörter). Verben schreibe ich klein:
singen, gehen, spielen.

Wortstamm und Endung → SB S. 23/24

Verben haben eine Grundform: schwimmen, tanzen, spielen.
Verben verändern sich (Personalform).
Was gleich bleibt, nennt man Wortstamm.
Was sich verändert, nennt man **Endung**:

ich hüpf**e**	**wir** hüpf**en**
du hüpf**st**	**ihr** hüpf**t**
er, **sie**, **es** hüpf**t**	**sie** hüpf**en**

Vorsilben → SB S. 43, 118/119

Durch Vorsilben verändert sich die Bedeutung von Verben:
lesen: **vor**lesen, **ver**lesen, **mit**lesen, **nach**lesen.

Adjektive → SB S. 76/77

Adjektive (Wiewörter) sagen, wie etwas ist.
Sie beschreiben Menschen, Tiere, Pflanzen und Dinge
genauer: spitz, braun, leise.
Wenn Adjektive vor Nomen stehen, verändert sich ihre Endung:
braun – ein braun**er** Rücken, groß – ein groß**es** Geweih.

145

Wortstamm/Wortfamilie → SB S. 54/55, 73

Was in einem Wort gleich bleibt, nennt man Wortstamm.
Wörter einer Wortfamilie haben einen ähnlichen Wortstamm:
der Korb – mehrere Körbe – das Körbchen,
zaubern – bezaubern – Zauberin.

Aussagesätze → SB S. 12

Aussagesätze erzählen, was geschieht.
Am Ende eines Aussagesatzes steht ein **Punkt**.
Am Satzanfang schreibe ich immer groß:
Die Schüler freuen sich auf die Pause**.**

Fragesätze → SB S. 74/75

Wenn ich etwas wissen möchte, stelle ich eine Frage.
Am Anfang steht oft ein Fragewort:
Wer? Wo? Wie? Was?
Am Ende eines Fragesatzes steht ein **Fragezeichen**:
Was isst du gerne**?**
Es gibt aber auch Fragen ohne Fragewörter:
Macht das Eichhörnchen Winterschlaf**?**

Aufforderungssätze → SB S. 44

In einem Aufforderungssatz wird jemand aufgefordert,
etwas zu tun. Am Ende setze ich immer ein **Ausrufezeichen**:
Räum dein Zimmer auf**!**

Ausrufe → SB S. 45

Auch nach Ausrufen setze ich ein **Ausrufezeichen**:
Toll**!**

146

Partnerdiktat

1. Ich suche mir einen Partner.
2. Wir lesen den Text genau.
3. Mein Partner diktiert mir jeden Satz Wort für Wort.
4. Wenn ich einen Fehler mache, hilft mir mein Partner.
5. Ich verbessere das Wort.
6. Am Ende tauschen wir die Rollen.

Schleichdiktat

1. Ich schleiche zu dem Platz, an dem das Diktat liegt.
2. Ich merke mir einige Wörter oder einen kurzen Satz.
3. Ich schleiche zu meinem Platz zurück.
   Ich schreibe auf, was ich mir gemerkt habe.
4. Wenn ich fertig bin, kontrolliere ich mein Diktat.
5. Ich verbessere die Wörter, die ich falsch geschrieben habe.

FRESCH-Strategien

Strategie: Silben schwingen ⌣

Wenn ich ein Wort deutlich in Silben spreche, höre ich, wie das Wort richtig geschrieben wird. In jeder Silbe steht ein Selbstlaut (a, e, i, o, u), ein Umlaut (ä, ö, ü) oder ein Zwielaut (au, ei, eu).

1 Sprich und schwinge die Wörter.

Buch   Lampe   Pausenhof

Maus   Stunde   Trinkflasche

Eis   Pinsel   Blumentopf

Sche re

2 Schreibe die Wörter ab. Zeichne die Silbenbögen.
Schreibe so: *Ba na ne, ...*

Hut   Birne   Papagei   Topf   Kamel

Banane   Baum   Löwe   Gemüse

3 Markiere alle Selbstlaute, Umlaute und Zwielaute in den Silben.
Schreibe so: *Ba na ne, ...*

4 Schreibe die Wörter ab. Zeichne die Silbenbögen.

Gänseblümchen   Schiedsrichterpfeife   Monatsnamen

5 Markiere alle Selbstlaute, Umlaute und Zwielaute in den Silben.

148

6 Setze die Silben zu Wörtern zusammen. Schreibe sie auf.

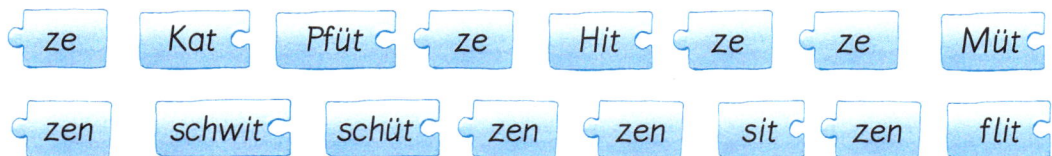

ze | Kat | Pfüt | ze | Hit | ze | ze | Müt
zen | schwit | schüt | zen | zen | sit | zen | flit

7 Zeichne die Silbenbögen. Markiere alle Selbstlaute und Umlaute.
Schreibe so: Kat ze, …

> Auf einen kurz gesprochenen Selbstlaut folgen meist
> zwei Mitlaute.
> Höre ich nur einen Mitlaut, dann wird dieser verdoppelt:
> Mut ter, Zim mer.

8 Finde die Reimwörter. Schreibe sie untereinander auf.

Tasse | Keller | Tanne | Klasse | Pfanne | Teller

9 Zeichne die Silbenbögen. Markiere alle Selbstlaute.
Schreibe so: Tas se, …

10 Finde die Reimwörter. Schreibe sie untereinander auf.

küssen | bellen | rennen | wetten | knallen
stellen | brennen | müssen | fallen | retten

11 Zeichne die Silbenbögen. Markiere alle Selbstlaute und Umlaute.
Schreibe so: küs sen – müs sen, …

149

Strategie: Groß oder klein?

Nomen schreibe ich groß.
Vor Nomen kann ich einen Artikel setzen.
Auch Satzanfänge schreibe ich groß.

1 Entscheide, welche Wörter großgeschrieben werden.
Schreibe alle Nomen mit Artikel auf: *der Affe, …*
Markiere die großen Anfangsbuchstaben.

A oder **a**?	▪ffe	▪pfel	▪ber	▪bend
F oder **f**?	▪erien	▪leißig	▪isch	▪rühling
G oder **g**?	▪ern	▪arten	▪eld	▪emüse
K oder **k**?	▪amm	▪lein	▪rank	▪offer

2 Schreibe die Sätze richtig auf.
Markiere den ersten Buchstaben und das Satzzeichen.

lotte isst am liebsten Gemüse.
wer isst gern Müsli zum Frühstück?
sinan nascht gern Schokolade.
ich liebe Erdbeeren!

3 Schreibe die Sätze richtig auf.

die kinder spielen auf einer großen wiese
noriko pflückt für ihre mutter einen strauß
timo und rasmus spielen federball
nina und anne verstecken sich
niko muss sie suchen

Es sind 17 Fehler.

150

Strategie Ableiten: Wörter mit ä/e, äu/eu ⚡

Ein Wort wird mit **ä** oder **äu** geschrieben, wenn es ein verwandtes Wort mit **a** oder **au** gibt: die B**äu**me – der B**au**m, z**ä**hlen – die Z**a**hl.

1 Schreibe zu jedem Wort mit **ä/äu** ein verwandtes Wort mit **a/au** auf. Markiere **ä/äu** und **a/au**: *Länder – Land, …*

Länder	Bänke	Hände	Säfte	Wände	Gäste
Bäume	Zäune	Mäuse	Läuse	Sträucher	Bäuche

2 Schreibe zu jedem Verb die passende Grundform auf. Markiere **ä/äu** und **a/au**: *er fährt – fahren, …*

er fährt	es schläft	sie lässt	er läuft	es säuft

3 Finde zu jedem Wort mit **ä/äu** ein verwandtes Wort mit **a/au**. Markiere **ä/äu** und **a/au**: *die Nächte – die Nacht, …*

die Nächte	zählen	die Bäume	er gräbt	quälen

4 Schreibe den Text auf. Setze **ä/e** oder **äu/eu** ein.

In den Ferien schl▪ft Ali in einem Z▪lt.
Er f▪hrt auf einen Z▪ltplatz in D▪tschland.
Dort gibt es viele B▪me.
Die N▪chte sind am schönsten.
Alle sitzen am Lagerf▪er und z▪hlen die Sterne.

151

Strategie Verlängern: Wörter mit b/p, d/t, g/k

Wenn ich nicht weiß, ob am Wortende **b** oder **p**, **d** oder **t**, **g** oder **k** geschrieben wird, verlängere ich das Wort.
Bei **Nomen** bilde ich die Mehrzahl: der We**g** – die We**g**e.
Bei **Verben** bilde ich die Grundform: er schrei**b**t – schrei**b**en.
Bei **Adjektiven** bilde ich eine Wortgruppe: winzi**g** – der winzi**g**e Vogel.

1 Schreibe die Wortpaare auf. Setze die richtigen Buchstaben ein.
Schreibe so: *die Hunde – der Hund*, …

die Hun■e – der Hun■   die Zel■e   – das Zel■

die Kör■e – der Kor■   die Hü■e   – der Hu■

die Zü■e   – der Zu■   die Zwer■e – der Zwer■

2 Schreibe die Wörter auf. Setze **b/d/g** oder **p/t/k** richtig ein.
Schreibe so: *der König – die Könige*, …

der Köni■   der Win■   der Sta■   das Fahrra■

das Klei■   der Wal■   das Hef■   der Urlau■

der Ta■   das Pfer■   das Bro■   die Fruch■

3 Schreibe den Text auf. Setze die richtigen Buchstaben ein.

Am Sonnta■ fliegen wir mit dem
Flu■zeu■ in den Urlau■.
Unseren Hun■ Bruno bringe ich mit seinem
Kor■ zu meinem Freun■.
Ich sitze auf einer Ban■ und bin trauri■.
Jeden Ta■ werde ich Bruno vermissen.

4 Finde die Wortpaare. Setze die richtigen Buchstaben ein.
Schreibe so: *sie gibt – geben, …*

sie gi__t

er trä__t

er schie__t

sie len__t

es sin__t

sinken

schieben

tragen

geben

lenken

5 Schreibe die Sätze auf. Setze die richtigen Buchstaben ein.
Markiere die eingesetzten Buchstaben.

Das Boot sin◼t sehr schnell.

Ein Storch flie◼t über unser Dach.

Die Schlange wür◼t ihre Beute.

Die Lehrerin sin◼t uns ein neues Lied vor.

Das Kind he◼t einen Stift auf.

6 Schreibe die Wortgruppen auf. Setze die richtigen Buchstaben ein.
Schreibe so: *das spannende Buch → also: spannend, …*

d oder **t**?	das spannen◼e Buch	→	also: spannen◼
g oder **k**?	der lusti◼e Clown	→	also: lusti◼
g oder **k**?	ein star◼er Wind	→	also: star◼
b oder **p**?	der gel◼e Ball	→	also: gel◼
d oder **t**?	das ro◼e Kleid	→	also ro◼

153

Strategie: Merkwörter (M)

Merkwörter mit V/v

V/v kann wie **f** oder **w** klingen: Vase – Vater.

1 Schreibe die Wörter ab.

Vater	Vogel	Vase	Vorsicht	Vieh	Veilchen
vier	vielleicht	voll	Vulkan	Klavier	November

2 Welches **V/v** klingt wie **f**? Markiere blau.
Welches **V/v** klingt wie **w**? Markiere grün.

3 Bilde sinnvolle Verben mit den Vorsilben **vor-** und **ver-**: *verreisen, ...*

reisen	lesen	laufen	zaubern	schenken	schreiben

Merkwörter mit Qu/qu

4 Schreibe die Sätze auf. Setze die passenden Wörter ein.

Der Frosch sitzt auf einem Blatt und ▬.
Ich esse gern Kartoffeln mit ▬.
Heute hat Ole in der Schule ▬ gemacht.
Wir setzen uns ▬ hin und spielen ▬.

Quark Quartett Quatsch quakt bequem

5 Schreibe die Wörter auf. Markiere **Qu/qu**.

QuallequerquietschenquetschenAquariumQuellequieken

154

Merkwörter mit aa, ee, oo

6 Schreibe alle Wörter mit dem bestimmten Artikel auf: *der See, ...*

SeeFeeMoorSaalMoosTeeSchneeHaarZooPaarBoot

7 Suche dir fünf Wörter aus Aufgabe 6 aus.
Bilde mit jedem Wort einen Satz.

Merkwörter mit Dehnungs-h

In einigen Wörtern steht nach einem lang gesprochenen
Selbstlaut ein Dehnungs-h. Das Dehnungs-h kannst du nicht hören.
Es steht vor **l, m, n, r**: der Ko**h**l, berü**hm**t, der So**hn**, se**hr**.

8 Schreibe die Wörter richtig auf. Markiere das Dehnungs-h.

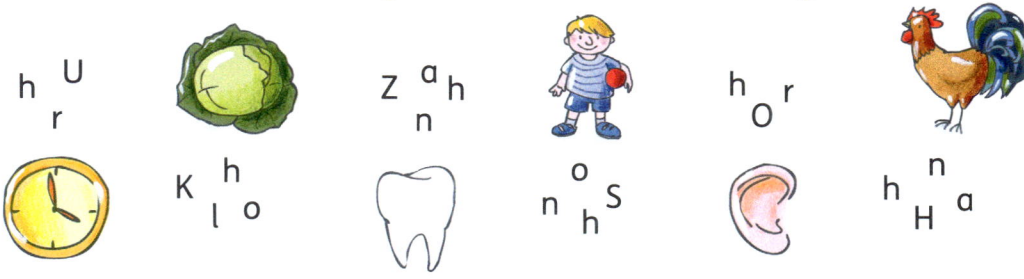

9 Ordne die Wörter nach den zwei Wortfamilien -fahr- und -zahl-.
Umkreise den Wortstamm. Schreibe so: *- fahr -: das Fahrrad, ...*
- zahl -: bezahlen, ...

| fahren | die Zahl | das Fahrrad | bezahlen | verzählen |
| vorfahren | die Mehrzahl | zählen | der Fahrer | das Fahrzeug |

155

Wörterliste

A a

ab
der **Abend**, die Aben|de
aber
acht
der **Af|fe**, die Af|fen
al|le, al|les
das **Al|pha|bet**
als
al|so
alt
am
die **Amei|se**, die Amei|sen
die **Am|pel**, die Am|peln
an
die **Angst**, die Ängs|te
ant|wor|ten, ich ant|wor|te
der **Ap|fel**, die Äp|fel
der **Ap|ril**
das **Aqua|ri|um**, die Aqua|ri|en
die **Ar|beit**, die Ar|bei|ten
ar|bei|ten, er ar|bei|tet
der **Arm**, die Ar|me
der **Ast**, die Äs|te
auf
die **Auf|ga|be**, die Auf|ga|ben
das **Au|ge**, die Au|gen
der **Au|gust**
aus

aus|lei|hen, ich leihe aus
das **Au|to**, die Au|tos

B b

das **Ba|by**, die Ba|bys
der **Bach**, die Bä|che
ba|cken, er bäckt
die **Bahn**, die Bah|nen
bald
der **Ball**, die Bäl|le
die **Ba|na|ne**, die Ba|na|nen
das **Band**, die Bän|der
die **Bank**, die Bän|ke
bas|teln, sie bas|telt
der **Bauch**, die Bäu|che
bau|en, wir bau|en
der **Baum**, die Bäu|me
das **Beet**, die Bee|te
bei
das **Bein**, die Bei|ne
be|quem
be|rühmt
das **Bett**, die Bet|ten
die **Bie|ne**, die Bie|nen
das **Bild**, die Bil|der
bin, ich bin, du bist, sie ist, wir sind, ihr seid
die **Bir|ne**, die Bir|nen
bis

bit|ten, ihr bit|tet
das **Blatt**, die Blät|ter
blau
blei|ben, er bleibt
blin|ken, es blinkt
blond
blü|hen, sie blüht
die **Blu|me**, die Blu|men
der **Bo|den**, die Bö|den
das **Boot**, die Boo|te
bö|se
brau|chen, ihr braucht
braun
der **Brief**, die Brie|fe
brin|gen, er bringt
das **Brot**, die Bro|te
das **Bröt|chen**, die Bröt|chen
der **Bru|der**, die Brü|der
das **Buch**, die Bü|cher
die **Bü|che|rei**, die Bü|che|rei|en
bunt
der **Bus**, die Bus|se
der **Busch**, die Bü|sche
die **But|ter**

C c

der **Cent**
Chi|na
der **Com|pu|ter**, die Com|pu|ter

156

D d

da
dan|ken,
du dankst
dann
das
dein, dei|ne,
dei|ner
dem
den
den|ken,
ich den|ke
denn
der
des
Deutsch|land
der **De|zem|ber**
dich
dick
die
der **Dieb,** die Die|be
der **Diens|tag,**
die Diens|ta|ge
dies, die|se,
die|ser
das **Ding,** die Din|ge
dir
doch
der **Don|ners|tag,**
die Don|ners|ta|ge
das **Dorf,** die Dör|fer
dort
die **Do|se,** die Do|sen
drei
drü|cken,
er drückt
du

dun|kel
durch
dür|fen, ich darf

E e

das **Ei,** die Ei|er
ein|kau|fen,
er kauft ein
eins
das **Eis**
der **Ele|fant,**
die Ele|fan|ten
elf
die **El|tern**
eng
der **En|gel,** die En|gel
die **En|te,** die En|ten
die **Er|de**
er|zäh|len,
ihr er|zählt
es|sen, er isst,
ihr esst
et|was
euch
eu|er, eu|re
die **Eu|le,** die Eu|len
der **Eu|ro**

F f

fah|ren, sie fährt
das **Fahr|rad,**
die Fahr|rä|der
fal|len, es fällt

die **Fa|mi|lie,**
die Fa|mi|li|en
fan|gen, er fängt
der **Fe|bru|ar**
die **Fee,** die Fe|en
feh|len, du fehlst
der **Feh|ler,**
die Feh|ler
die **Fei|er,** die Fei|ern
fei|ern, ihr fei|ert
die **Fe|ri|en**
fern|se|hen,
du siehst fern
das **Feu|er,** die Feu|er
fin|den,
ihr fin|det
der **Fin|ger,**
die Fin|ger
der **Fisch,** die Fi|sche
die **Fla|sche,**
die Fla|schen
flie|gen, er fliegt
der **Flü|gel,**
die Flü|gel
der **Fluss,** die Flüs|se
flüs|sig
die **Fra|ge,**
die Fra|gen
fra|gen, sie fragt
die **Frau,** die Frau|en
der **Frei|tag,**
die Frei|ta|ge
fremd
fres|sen, es frisst
freu|en,
du freust dich
die **Freu|de**
der **Freund,**
die Freun|de

157

die **Freun|din,**
die Freun|din|nen
frisch
der **Frosch,**
die Frö|sche
die **Frucht,**
die Früch|te
früh
der **Früh|ling**
das **Früh|stück,**
die Früh|stü|cke
der **Fuchs,** die Füch|se
fül|len, du füllst
der **Fül|ler,** die Fül|ler
fünf
für
der **Fuß,** die Fü|ße
der **Fuß|ball,**
die Fuß|bäl|le

G g

die **Ga|bel,**
die Ga|beln
der **Gar|ten,**
die Gär|ten
das **Ge|bäu|de,**
die Ge|bäu|de
ge|ben, sie gibt
der **Ge|burts|tag,**
die Ge|burts|ta|ge
ge|hen, er geht
gelb
das **Ge|mü|se**
das **Ge|schenk,**
die Ge|schen|ke

das **Ge|sicht,**
die Ge|sich|ter
das **Ge|spenst,**
die Ge|spens|ter
ges|tern
ge|sund
gif|tig
die **Gi|raf|fe,**
die Gi|raf|fen
das **Glas,** die Glä|ser
das **Gras,** die Grä|ser
grau
groß
grün
die **Gur|ke,**
die Gur|ken
gut

H h

das **Haar,**
die Haa|re
ha|ben, es hat
der **Hahn,** die Häh|ne
der **Hals,** die Häl|se
hal|ten, er hält
die **Hand,** die Hän|de
hart
der **Ha|se,** die Ha|sen
das **Haus,** die Häu|ser
die **He|cke,**
die He|cken
das **Heft,** die Hef|te
heiß
hei|ßen, du heißt
hel|fen, sie hilft

hell
das **Hemd,**
die Hem|den
der **Herbst**
heu|te
die **He|xe,** die He|xen
hier
der **Him|mel,**
die Him|mel
hin|ter
hoch
der **Hof,** die Hö|fe
ho|len, sie holt
das **Holz,** die Höl|zer
hö|ren, wir hö|ren
die **Ho|se,** die Ho|sen
der **Hund,** die Hun|de
hun|dert
hüp|fen, du hüpfst

I i

ich
der **Igel,** die Igel
ihm
ihn, ih|nen
ihr, ih|re
im
im|mer
in
ins
die **In|sel,** die In|seln
ist

158

J j

ja
das **Jahr**, die Jah|re
der **Ja|nu|ar**
   je|de, je|der,
   je|des
der **Ju|li**
der **Jun|ge**,
   die Jun|gen
der **Ju|ni**

K k

der **Kä|fer**, die Kä|fer
das **Kalb**, die Käl|ber
der **Ka|len|der**,
   die Ka|len|der
   kalt
die **Käl|te**
die **Kar|te**, die Kar|ten
der **Kas|ten**,
   die Käs|ten
die **Kat|ze**, die Kat|zen
   kau|fen, du kaufst
die **Kaul|quap|pe**,
   die Kaul|quap|pen
   kein, kei|ne,
   kei|ner
   ken|nen, sie kennt
die **Ker|ze**, die Ker|zen
das **Kind**, die Kin|der
das **Ki|no**, die Ki|nos
die **Kis|te**, die Kis|ten
die **Klas|se**,
   die Klas|sen

das **Kla|vier**,
   die Kla|vie|re
das **Kleid**, die Klei|der
   klein
   ko|chen, er kocht
der **Kof|fer**, die Kof|fer
die **Koh|le**, die Koh|len
   kom|men,
   ich kom|me
   kön|nen, er kann
der **Kopf**, die Köp|fe
der **Korb**, die Kör|be
der **Kör|per**,
   die Kör|per
   krank
die **Kü|che**,
   die Kü|chen
der **Ku|chen**,
   die Ku|chen
die **Ku|gel**, die Ku|geln
   kurz

L l

   la|chen, du lachst
die **Lam|pe**,
   die Lam|pen
das **Land**, die Län|der
   lang
   lang|sam
das **Laub**
   lau|fen, sie läuft
   laut
   le|ben, es lebt
   leer
   le|gen, ihr legt
der **Leh|rer**, die Leh|rer

die **Leh|re|rin**,
   die Leh|re|rin|nen
   leicht
   lei|se
   ler|nen, du lernst
   le|sen, er liest
die **Leu|te**
das **Licht**, die Lich|ter
   lieb
   lie|ben, ich lie|be
das **Lied**, die Lie|der
   lie|gen, sie liegt
   links
die **Lip|pe**, die Lip|pen
das **Loch**, die Lö|cher
der **Löf|fel**, die Löf|fel
   lus|tig

M m

   ma|chen,
   du machst
das **Mäd|chen**,
   die Mäd|chen
der **Mai**
   ma|len, er malt
   man
der **Mann**,
   die Män|ner
der **März**
die **Maus**, die Mäu|se
das **Meer**, die Mee|re
   mehr
   mein, mei|ne
das **Mes|ser**,
   die Mes|ser
   mich

159

die **Milch**
die **Mi|nu|te,**
die Mi|nu|ten
mir
mit
der **Mitt|woch,**
die Mitt|wo|che
mö|gen,
ich möch|te,
ich mag
der **Mo|nat,**
die Mo|na|te
der **Mon|tag,**
die Mon|ta|ge
das **Moos**, die Moo|se
mor|gen
der **Müll**
der **Mund**, die Mün|der
die **Mur|mel,**
die Mur|meln
müs|sen, ich muss
die **Mut|ter,**
die Müt|ter
die **Müt|ze,**
die Müt|zen

N n

nach
die **Nacht**, die Näch|te
der **Na|me,**
die Na|men
die **Na|se**, die Na|sen
der **Ne|bel**
neh|men,
er nimmt
nein

das **Nest**, die Nes|ter
neu
neun
nicht
nichts
nie
noch
der **No|vem|ber**
die **Nu|del,**
die Nu|deln
nun
nur
die **Nuss**, die Nüs|se

O o

oben
das **Obst**
oder
of|fen
oft
oh|ne
das **Ohr**, die Oh|ren
der **Ok|to|ber**
die **Oma**, die Omas
der **On|kel**, die On|kel
der **Opa**, die Opas
das **Os|tern**

P p

das **Paar**, die Paa|re
pa|cken, er packt
das **Pa|pier,**
die Pa|pie|re

pas|sen, es passt
das **Pferd**, die Pfer|de
die **Pflan|ze,**
die Pflan|zen
pflan|zen,
ihr pflanzt
pfle|gen, sie pflegt
die **Pfüt|ze,**
die Pfüt|zen
der **Pin|sel**, die Pin|sel
der **Platz**, die Plät|ze
plat|zen, es platzt
plötz|lich
die **Po|li|zei**
die **Post**
die **Pup|pe,**
die Pup|pen
put|zen, ich put|ze

Q q

das **Qua|drat,**
die Qua|dra|te
qua|ken, es quakt
die **Qual|le,**
die Qual|len
der **Qualm**
der **Quark**
das **Quar|tett,**
die Quar|tet|te
quat|schen,
du quatschst
quer
quie|ken,
ihr quiekt
das **Quiz**

R r

das **Rad**, die Rä|der
ra|ten, sie rät
das **Rät|sel**, die Rät|sel
der **Räu|ber**,
die Räu|ber
der **Raum**, die Räu|me
die **Rau|pe**,
die Rau|pen
rech|nen,
ich rech|ne
rechts
re|den, er re|det
das **Re|gal**, die Re|ga|le
der **Re|gen**
reich
der **Reim**, die Rei|me
rei|sen, sie reist
ren|nen, sie rennt
das **Re|zept**,
die Re|zep|te
der **Rie|se**, die Rie|sen
der **Ring**, die Rin|ge
der **Rock**, die Rö|cke
rol|len, es rollt
der **Rol|ler**, die Rol|ler
rot
der **Rü|cken**,
die Rü|cken
ru|fen, ihr ruft
rund

S s

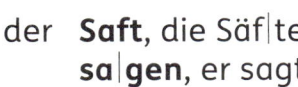

der **Saft**, die Säf|te
sa|gen, er sagt

---

das **Salz**, die Sal|ze
der **Sams|tag**,
die Sams|ta|ge
der **Sand**
san|dig
der **Satz**, die Sät|ze
sau|ber
sau|er
schau|en,
du schaust
der **Schatz**,
die Schät|ze
schei|nen,
es scheint
schen|ken,
ich schen|ke
die **Sche|re**,
die Sche|ren
die **Scheu|ne**,
die Scheu|nen
schi|cken,
ihr schickt
schief
das **Schiff**, die Schif|fe
das **Schild**,
die Schil|der
schla|fen,
sie schläft
schla|gen,
er schlägt
der **Schlit|ten**,
die Schlit|ten
schmü|cken,
du schmückst
der **Schmutz**
der **Schna|bel**,
die Schnä|bel
die **Schne|cke**,
die Schne|cken

---

der **Schnee**
schnei|den,
er schnei|det
schnell
schon
schön
der **Schrank**,
die Schrän|ke
schrei|ben,
sie schreibt
der **Schuh**,
die Schu|he
die **Schu|le**,
die Schu|len
der **Schü|ler**,
die Schü|ler
die **Schüs|sel**,
die Schüs|seln
der **Schwanz**,
die Schwän|ze
schwarz
schwer
die **Schwes|ter**,
die Schwes|tern
schwim|men,
es schwimmt
sechs
der **See**, die Se|en
se|hen, er sieht
sehr
das **Seil**, die Sei|le
sein, sei|ne,
sei|ner
die **Sei|te**, die Sei|ten
die **Se|kun|de**,
die Se|kun|den
der **Sep|tem|ber**
set|zen, ich set|ze
sich

161

sie
sie|ben
sind
sin|gen, er singt
sin|ken, es sinkt
sit|zen, sie sitzt
so
der **Sohn**, die Söh|ne
sol|len, ich soll
der **Som|mer**
die **Son|ne**,
die Son|nen
der **Sonn|tag**,
die Sonn|ta|ge
die **Spa|get|ti**,
die Spa|get|ti
span|nend
spa|ren, du sparst
der **Spaß**, die Spä|ße
spät
der **Spa|zier|gang**,
die
Spa|zier|gän|ge
sper|ren, sie sperrt
das **Spiel**, die Spie|le
spie|len, er spielt
die **Spin|ne**,
die Spin|nen
spitz
der **Sport**
die **Spra|che**,
die Spra|chen
sprin|gen,
du springst
die **Sprit|ze**,
die Sprit|zen
der **Stab**, die Stä|be
die **Stadt**, die Städ|te

die **Stan|ge**,
die Stan|gen
ste|cken, es steckt
ste|hen, sie steht
der **Stein**, die Stei|ne
stel|len, ihr stellt
der **Stern**, die Ster|ne
der **Stift**, die Stif|te
still
der **Strand**,
die Strän|de
die **Stra|ße**,
die Stra|ßen
der **Strauch**,
die Sträu|cher
der **Strauß**,
die Sträu|ße
strei|ten,
ihr strei|tet
der **Stuhl**, die Stüh|le
die **Stun|de**,
die Stun|den
su|chen,
ich su|che
die **Sup|pe**,
die Sup|pen

T t

die **Ta|fel**, die Ta|feln
der **Tag**, die Ta|ge
die **Tan|te**,
die Tan|ten
die **Ta|sche**,
die Ta|schen
die **Tas|se**,
die Tas|sen

der **Tee**, die Tees
das **Te|le|fon**,
die Te|le|fo|ne
der **Tel|ler**, die Tel|ler
teu|er
der **Text**, die Tex|te
das **Tier**, die Tie|re
der **Tisch**, die Ti|sche
die **Toch|ter**,
die Töch|ter
toll
tra|gen, er trägt
der **Traum**,
die Träu|me
tren|nen,
sie trennt
trin|ken, du trinkst
die **Trom|mel**,
die Trom|meln
das **Tuch**, die Tü|cher
die **Tür**, die Tü|ren
tur|nen, ich tur|ne
die **Tü|te**, die Tü|ten

U u

üben, ihr übt
über
die **Übung**,
die Übun|gen
die **Uhr**, die Uh|ren
um
und
uns, un|ser,
un|se|re
un|ten
un|ter

162

V v

die **Va|se**, die Va|sen
der **Va|ter**, die Vä|ter
der **Ver|kehr**
das **Ver|kehrs|schild**,
die
Ver|kehrs|schil|der
ver|su|chen,
du ver|suchst
viel
vier
der **Vo|gel**, die Vö|gel
voll
vom
von
vor

W w

der **Wald**, die Wäl|der
wann
warm
die **Wär|me**
war|ten,
sie war|tet
wa|rum
was
wa|schen,
er wäscht
das **Was|ser**
der **Weg**, die We|ge
weich
das **Weih|nach|ten**
weiß
wei|ter

wel|che, wel|cher
wem
wen
we|nig
wer
wer|den, du wirst,
es wird, ihr wer|det
das **Wet|ter**
wie
wie|der
die **Wie|se**,
die Wie|ser
wild
der **Wind**, die Win|de
win|ken, sie winkt
der **Win|ter**
wir
wis|sen, du weißt
ihr wisst
wo
die **Wo|che**,
die Wo|chen
woh|nen,
ihr wohnt
die **Woh|nung**,
die Woh|nun|gen
die **Wol|ke**,
die Wol|ken
wol|len, ich will,
ihr wollt
das **Wort**, die Wör|ter
wün|schen,
er wünscht
der **Wür|fel**,
die Wür|fel
der **Wurm**,
die Wür|mer
die **Wur|zel**,
die Wur|zeln

Z z

die **Zahl**, die Zah|len
zäh|len, sie zählt
der **Zahn**, die Zäh|ne
zau|bern,
du zau|berst
der **Zaun**, die Zäu|ne
die **Ze|he**, die Ze|hen
zehn
zei|gen, es zeigt
die **Zeit**, die Zei|ten
das **Zelt**, die Zel|te
die **Zie|ge**, die Zie|gen
das **Zim|mer**,
die Zim|mer
die **Zi|tro|ne**,
die Zi|tro|nen
der **Zoo**, die Zoos
zu
der **Zu|cker**
der **Zug**, die Zü|ge
zum
zur
zu|sam|men
zwei
der **Zwerg**, die Zwer|ge
die **Zwie|bel**,
die Zwie|beln
zwölf

163

Übersicht über die Lerninhalte

Kapitel	Sprechen und zuhören	Lesen – mit Texten und Medien umgehen
Miteinander lernen	Sich über Gesprächsregeln/Klassenregeln verständigen: S. 6/7	Arbeitsanweisungen lesen und verstehen: S. 6 – 21 Texte präsentieren: Wunschzettel S. 6
Gesund und munter	Zu Bildern erzählen: S. 22, 23, 30, 33	Arbeitsanweisungen lesen und verstehen: S. 22 – 37 Pantomime: S. 22 Eine Handlung nach Bildern verstehen und umsetzen (Rezept): S. 30/31 Eine Umfrage durchführen: S. 32
Du und ich und wir	Zu Bildern erzählen: S. 38, 45 Zungenbrecher so schnell wie möglich sprechen: S. 42 Über Aufgaben in der Familie sprechen: S. 44	Arbeitsanweisungen lesen und verstehen: S. 38 – 53 Zungenbrecher lesen: S. 42 Einen Aufgabenplan lesen: S. 44 Eine Szene nachspielen: S. 46
Traumhaft und fantasievoll	Über Zaubertricks sprechen: S. 54 Zu Bildern erzählen: S. 61 Zu einer Bildfolge erzählen: S. 62 Etwas erklären: S. 64	Arbeitsanweisungen lesen und verstehen: S. 54 – 69 Ein Märchen lesen: S. 56 Ein Gedicht lesen und vorlesen: S. 57, 59, 64 Märchen erraten: S. 58 Mit verteilten Rollen lesen und spielen: S. 63, 64
Der Natur auf der Spur	Rätsel lösen: S. 70 Vögel beschreiben: S. 76/77 Eine Geschichte weitererzählen: S. 79	Arbeitsanweisungen lesen und verstehen: S. 70 – 85 Sich zu einem Sachthema informieren und Fragen beantworten: S. 75 Szenisch lesen: S. 75 Sachtexten Informationen entnehmen: S. 80/81
Bei uns und anderswo	Vergleiche anstellen: S. 86/87, 88 Über Spiele sprechen: S. 90	Arbeitsanweisungen lesen und verstehen: S. 86 – 101 Einen Text sinnentnehmend lesen und Vergleiche anstellen: S. 86/87, 88 Spruch vorlesen: S. 91 Eine Bastelanleitung lesen und befolgen: S. 96 Eine Handlung nach Bildern verstehen und umsetzen (Basteln): S. 97

Texte verfassen (Schreiben)	Sprache und Sprachgebrauch untersuchen	Richtig schreiben (Schreiben)
Gesprächsregeln/Klassenregeln aufschreiben: S. 6/7 Wunschzettel schreiben: S. 6	Nomen: S. 8/9 Bestimmter und unbestimmter Artikel: S. 10/11 Aussagesätze: S. 12	Großschreibung von Nomen: S. 8/9 (Aa?) Großschreibung von Nomen und Aussagesätzen: S. 13/14 Alphabet/Wörter nach dem Alphabet ordnen: S. 15/16 Umgang mit der Wörterliste: S. 17
Einkaufszettel: S. 30 Eine Handlungsabfolge in die richtige Reihenfolge bringen (Rezept): S. 31 Ein Rezept überarbeiten und schreiben: S. 31 Fragebogen erstellen: S. 32 Eine Geschichte zu einem Bild schreiben: S. 33	Verben: S. 22 Grundform/Personalform: S. 23 Wortstamm/Endung: S. 24/25	Kleinschreibung von Verben: S. 22 Verben mit b, d, g verlängern: S. 26/27 Selbstlaute/Mitlaute/Umlaute/Zwielaute in der Silbe: S. 28/29
Eigene Zungenbrecher schreiben: S. 42 Einen Brief an ein Kind in der Klasse schreiben: S. 47 Briefe in Geheimsprache schreiben: S. 48	Einzahl und Mehrzahl: S. 38/39 Aufforderungssätze: S. 44 Ausrufe: S. 45 Sprachspiele: S. 49	Umlaute in der Mehrzahl: S. 39 Nomen mit b, d, g verlängern: S. 40/41 Merkwörter mit V/v, ver-/vor-: S. 42/43 (M) Satzschlusszeichen: S. 45
Zu einer Bildfolge schreiben: S. 62 Einen szenischen Text lesen, zuordnen, weiterschreiben: S. 63, 64 Eine Einladung schreiben: S. 65	Wortfamilie: S. 54/55, 53	Kurze/lange Selbstlaute: S. 56 Merkwörter mit aa, ee, oo: S. 57 (M) Merkwörter mit Dehnungs-h: S. 58 (M) Wörter mit ie: S. 59 Reimwörter: S. 59, 60 Wörter mit ng/nk: S. 60/61
Rätsel schreiben: S. 70 Antworten den Fragen zuordnen: S. 74 Eine Geschichte weiterschreiben: S. 79 Einen Steckbrief schreiben: S. 80/81	Zusammengesetzte Nomen: S. 70/71 Nomen mit -chen und -.ein: S. 72 Wortfamilie: S. 73 Fragesätze mit und ohne Fragewörter: S. 74/75 Adjektive: S. 76/77	Wortfamilie/Wortstamm als Rechtschreibhilfe: S. 73 Satzschlusszeichen: S. 75 Adjektive mit b, d, g verlängern: S. 78
Zu Antworten Fragen formulieren: S. 91 Einen Brief schreiben: S. 92/93 Einen Briefumschlag beschriften: S. 93 Ein Plakat gestalten: S. 94 Einen Bastelvorgang beschreiben: S. 96 Eine Bastelanleitung schreiben: S. 97	Sprachen vergleichen: S. 94 Schriftzeichen vergleichen: S. 95	Wörter mit ä/e, äu/eu ableiten: S. 86/87 Endung -en, -el, -er: S. 88/89 Wörter mit Sp/sp: S. 90 Wörter mit St/st: S. 91

Kapitel	Sprechen und zuhören	Lesen – mit Texten und Medien umgehen
Unsere Erde, unser Zuhause	Zu Bildern erzählen: S. 102, 108, 110 Über Müllvermeidung sprechen: S. 104 Zungenbrecher so schnell wie möglich sprechen: S. 107	Arbeitsanweisungen lesen und verstehen: S. 102 – 117 Zungenbrecher lesen: S. 107
Bücherwurm und Computermaus	Zu Bildern erzählen: S. 118, 125, 128 Abzählreime schnell und deutlich sprechen: S. 120 Seine Auswahl begründen: S. 123, 125	Arbeitsanweisungen lesen und verstehen: S. 118 – 133 Sätze vorlesen: S. 118 Buchtitel lesen: S. 120 Abzählreime schnell und deutlich vorlesen: S. 120 Sich in einer Bibliothek informieren: S. 122 Einen Text sinnentnehmend lesen: S. 121, 122, 123 Medien ordnen: S. 122 Klappentexte lesen und Covern zuordnen: S. 123 Ein Buch vorstellen: S. 124/125 Buchausstellung: S. 125 Bücherrätsel: S. 126 Mit dem Computer umgehen: S. 127 Bilder zu einer Geschichte malen: S. 128 Ein Klassen-Geschichtenbuch anlegen: S. 128
Durch das Jahr	Über den Jahreskreis sprechen: S. 134 Zu Bildern erzählen: S. 135, 138, 140 Zu einer Handlung nach Bildern erzählen (Rezept): S. 136 Sich beschreiben und die anderen raten lassen: S. 139 Wünsche vergleichen: S. 143	Arbeitsanweisungen lesen und verstehen: S. 134 – 143 Zu Bildern malen: S. 135 Sinnentnehmendes Lesen: S. 135, 142 Handlungsanweisungen Bildern zuordnen: S. 136, 141 Eine Handlung nach Bildern verstehen und umsetzen: S. 136, 141 Texte Bildern zuordnen: S. 139
Kompendium		

Texte verfassen (Schreiben)	Sprache und Sprachgebrauch untersuchen	Richtig schreiben (Schreiben)
Eine Geschichte nach Vorgaben schreiben: S. 110/111 Eine Geschichte überarbeiten: S. 111, S. 112/113	Wortfamilie: S. 105 Wortfelder: S. 108/109	Kurz und lang gesprochene Selbstlaute: S. 102/103 Reimwörter: S. 103, 107 Doppelter Mitlaut: S. 104/105 Wortfamilie als Rechtschreibhilfe: S. 105 Silbentrennung bei doppeltem Mitlaut: S. 106 Wörter mit tz: S. 107
Eigene Abzählreime schreiben: S. 120 Quizfragen aufschreiben: S. 121 Satzanfänge und Satzenden richtig zuordnen: S. 124 Eine Buchvorstellung schreiben: S. 124 Eigene Bücherrätsel schreiben: S. 126 Eine Geschichte zu einem Bild schreiben: S. 128 Eine Geschichte überarbeiten: S. 129	Vorsilben: S. 118/119	Bb/Pp, Dd/Tt, Gg/Kk am Wortanfang: S. 120 Qu/qu: S. 121
Akrostichon: S. 135, 140 Wörterschlangen schreiben: S. 137, 142 Elfchen: S. 138, 140 Eine Geschichte weiterschreiben: S. 142 Wunschzettel schreiben: S. 143	Zusammengesetzte Nomen: S. 137	Ch/ch: S. 137
	Fachbegriffe: S. 144 – 146	Diktatformen: S. 147 FRESCH-Strategien: S. 148 – 155 Wörterliste: S. 156 – 163

167